교과서보다 재미있고, 교과서만큼 알찬
생태 지식 동화 100% 활용하기

초등 교과 연계 단원

[국어 5-1] 1. 대화와 공감

[국어 5-1] 6. 토의하여 해결해요

[국어 6-1] 8. 인물의 삶을 찾아서

[도덕 3] 6. 생명을 존중하는 우리

[도덕 5] 5. 갈등을 해결하는 지혜

[과학 4-1] 3. 식물의 한살이

[과학 5-2] 2. 생물과 환경

[과학 6-1] 4. 식물의 구조와 기능

우리 숲에서 배우는 자연 생태 동화

숲짱 할아버지와 자작나무 친구들

숲짱 할아버지와 자작나무 친구들

초판 1쇄 인쇄 | 2019년 10월 07일
초판 1쇄 발행 | 2019년 10월 14일

글 | 이용직
그림 | 유유
프로듀싱 | 안소연

펴낸이 | 양은하
펴낸곳 | 들메나무
출판등록 | 2012년 5월 31일 제396-2012-0000101호
주 소 | (10893) 경기도 파주시 와석순환로 347, 218동 1102호
전 화 | 031) 941-8640
팩 스 | 031) 624-3727
이메일 | deulmenamu@naver.com

값 14,000원 ⓒ 이용직·유유, 2019
ISBN 979-11-86889-20-6 73810

* 잘못된 책은 바꿔드립니다.
* 이 책의 전부 또는 일부 내용을 재사용하려면
  사전에 저작권자와 도서출판 들메나무의 동의를 받아야 합니다.

* 이 도서는 한국출판문화산업진흥원
  '2019년 우수출판콘텐츠 제작 지원' 사업 선정작입니다.

* 이 도서의 국립중앙도서관 출판예정도서목록(CIP)은 서지정보유통지원시스템 홈페이지
  (http://seoji.nl.go.kr)와 국가자료종합목록 구축시스템(http://kolis-net.nl.go.kr)에서
  이용하실 수 있습니다. (CIP제어번호: CIP2019037706)

우리 숲에서 배우는 자연 생태 동화

숲짱 할아버지와 자작나무 친구들

이용직 글 · 유유 그림

2019년
우수출판콘텐츠
제작지원사업
선정작

들메나무

이 책을 읽는 친구들에게

우리가 행복하려면
나무와 숲이 건강한 모습으로
우리 곁에 있어야 해요!

어린이 여러분, 반가워요!

숲짱 할아버지는 젊은 시절부터 나무를 심고 숲을 가꾸는 일을 했어요. 숲과 나무를 돌보는 직장에서 은퇴하고 할아버지가 된 지금도 '나무의사'로서 아픈 나무들을 고쳐 주고 있지요.

지금은 사람들이 숲과 나무의 중요성을 많이 알고 있지만, 숲짱 할아버지가 젊었을 때만 해도 그러지 못했어요. 숲과 나무가 사람들에게 어떤 좋은 영향을 미치는지 알지도 못했을 뿐 아니라, 먹고 사는 일에 바쁘다 보니 숲과 나무는 관심 밖이었지요.

사람들이 자신을 사랑하는 마음으로 숲과 나무를 가꾸어 준다면 행복지수는 그만큼 높아질 거예요. 숲과 나무를 가꾸고 사랑하는 마음은 사람들의 행복지수와 큰 관련이 있거든요.

1967년이니까 지금으로부터 52년 전 일이지요. 우리나라에 산림청이 처음 만들어졌어요. 숲짱 할아버지는 산림청이 처음 만들어지던 그 해에 산림청 공무원이 되었어요.

어린이 여러분은 '운명'이라는 말을 아는지 모르겠네요. 저와 숲과 나무와의 만남은 운명과 같은 것이었어요. 숲짱 할아버지는 그때부터 헐벗은 우리나라 산에 나무를 심고 숲을 가꾸었어요. 동화 속의 이야기처럼 '숲의 신'이 나무들의 이야기를 들을 수 있는 능력을 준 것은 아니지만, 나무들이 나에게 말을 하는 것처럼 나무의 마음을 이해하게 되었어요.

특히 아픈 나무들을 볼 때마다 가슴이 아팠어요. 병들고 상처 난 나무들이 꿈에도 나타났어요. 생명을 가진 모든 것들은 그 존재에 당당함이 있지만, 몸이 병들고 아플 때는 누구라도 나약하고 가엾어지거든요. 그래서 퇴직한 뒤 지금까지 아픈 나무들을 치료하고 고쳐 주는 일을 하고 있지요.

이 책은 어린이 여러분들이 숲과 나무를 이해하는 데 도움을 주기 위해 쓴 동화입니다. 원래 소설가가 꿈이었던 숲짱 할아버지는 산림청을 퇴직한 이후 숲과 나무에 대한 글, 자연과 생태에 대한 글을 쓰기로 마음먹었어요. 숲과 나무는 어린이의 마음과 닮은 순수함이 있어서 좋았답니다. 우리 어린이들이 숲과 나무와 좀 더 재미있게 친해질 수 있는 방법을 찾고 싶었던 거지요.

이 동화에는 강원도 인제군 원대리 자작나무 숲에 살고 있는 자작나무들이 주인공으로 등장해요. 그리고 우리나라에서 유일하게 천연림으로 남아 있는 울진 소광리의 할아버지 금강소나무들도 등장하지요. 이 동화를 읽고 숲과 나무와 친해졌으면 좋겠어요. 친해지는 것은 그들의 마음을 알게 되는 것에서 시작됩니다.

　숲과 나무는 우리에게 아주 소중한 존재입니다. 우리가 행복하게 살려면 나무와 숲이 건강한 모습으로 우리 곁에 있어야 한답니다. 이 동화를 재미있게 읽고 숲과 나무를 이해하는 행복한 어린이가 되어 나무와 숲에게 먼저 말을 걸어 보면 좋겠습니다.

김서영 선생님이 추천해요

나무들과 이야기 나눠 보아요
마음이 행복해질 거예요

우리나라는 세계에서 가장 빠른 기간에 산림녹화에 성공한 나라라고 해요. 가만히 생각해 보니 선생님이 어릴 때만 해도 벌거벗은 산이 많았어요. 그래서 식목일을 특별히 공휴일로 지정하여 모두 힘을 합쳐 나무를 심었답니다. 그 덕분에 이제는 온 나라가 푸른 나무에 둘러싸이게 되었지요. 우리나라에 산림청이 처음 생긴 1967년부터 산림청 공무원으로 일하시다 퇴임하신 숲짱 할아버지 같은 분이 이 일을 이끄신 분이에요.

숲짱 할아버지는 산림청 공무원으로 일하시면서 아픈 나무를 돌보는 나무의사 노릇도 20여 년이나 하셨대요. 보은 속리 정이품송의 솔잎혹파리 방제를 위하여 소나무 전체에 그물망을 씌워 소나무를 살려낸 이야기와, 동해안 산불로 낙산사가 불에 탔을 때 산불에 그을린 의상대 소나무를 살려낸 이야기는 무척 흥미로워요.

지금은 많은 어린이들에게 숲의 이야기를 더 들려주기 위해 동화작가라는 새로운 꿈을 꾸고 있다고 해요. 할아버지는 어린이들이 숲과 나무를 이

해하는 데 도움을 주고 싶어 이 이야기를 만드셨대요. 이 책의 이야기들은 단순히 꾸며낸 이야기가 아니라 할아버지가 직접 겪으신 일들을 동화라는 옷을 입혀 만들었기 때문에 이야기 하나하나가 무척 흥미로워요.

 이야기를 읽는 동안 어린이 여러분의 마음은 강원도 인제군 원대리 자작나무 숲을 향해 달려갈 거예요. 추운 지방에서 자란다는 자작나무를 보며 북유럽의 정취를 느껴보는 것은 얼마나 멋진 일일까요? 또 이야기를 읽다 보면 우리나라 유일의 천연림인 울진 소광리 금강소나무 숲에서 벌어지는 소나무재선충에 대한 회의에도 함께 참여하여 좋은 방법은 없을까를 고민해 보게 될 거예요.

이 책을 읽다 보면 어린이 여러분들도 나무들과 이야기를 나누고 싶다는 마음이 저절로 들 거예요. 원대리의 자작나무 숲, 소광리의 금강소나무 숲이 아니더라도 내 주위의 숲, 내 주위의 나무에 눈을 돌려 보고 가만히 이야기 나누어 보아요. 사람과 자연이 서로를 믿는다면 우리는 더 나은 세상에서 함께 살 수 있을 거예요.

방곡초등학교 교사 김서영
(『아이 스스로 즐기는 책벌레 만들기』 저자)

차례

이 책을 읽는 친구들에게 …………………………… 04
김서영 선생님이 추천해요 …………………………… 08

우리 이름 좀 지어 주세요! …………………… 14
🌿 자작이 삼남매는 어디에서 왔을까? ……………… 43

산불이 가장 무서워요! ……………………… 48
나무는 더 살고 싶다 ………………………… 66
산길을 닦아야 숲이 산다 …………………… 75
숲짱 할아버지는 나무의사 ………………… 86
소나무가 걱정스럽다 ………………………… 95
숲짱 할아버지, 금강소나무 숲 회의를 지켜보다 … 100
숲짱 할아버지, 새로운 꿈을 꾸다! ………… 122

부록 동화 속에 숨은 지식 탐험

1. 자작나무의 모든 것을 알고 싶어요 ·························· 128

2. 금강송 할아버지 소나무가 실제로 있다고요? ············ 134

3. 숲짱 할아버지, 이런 거 물어봐도 되나요? ················ 138

4. 나무와 숲에서 배우는 지혜 ···································· 146

우리 이름 좀 지어 주세요!

"와, 숲속에서 요정이 나올 것 같아!"
"다른 세상에 온 것 같이 신비로워!"

강원도 인제군 원대리에는 아주 예쁜 자작나무 숲이 있다.
'숲의 여왕'이라 할 정도로 아름다운 자태를 뽐내는 자작나무. 하얗고 쭉쭉 뻗은 나무기둥을 수직으로 박아놓은 듯 촘촘하게 자라고 있는 자작나무 숲의 풍경은 정말 장관이다.
한 번이라도 와 본 사람들은 "여기 강원도 맞아? 북유럽 아니고?"라고 말할 정도로 이국적인 멋이 있다.

원대리 자작나무 숲은 두 개의 얼굴을 가지고 있다. 겨울의 얼굴과 여름의 얼굴이 다르다. 겨울의 얼굴은 우아하고, 여름의 얼굴은
청량하다. 숲속 풍경이 마치 동화 속의 한 장면처럼 너무나 아름다워 비현실적으로 느껴지기도 한다.

산림청은 산불에 대한 위험 때문에 입산 금지 기간을 두고 있다. 3월에서 5월까지와 11월에서 12월까지는 산에 들어가지 못한다.

원대리 자작나무 숲은 입산 금지 기간을 제외하고는 참 많은 사람들이 다녀간다. 숲을 개방한 2012년 이후 매년 약 20만 명 이상씩 다녀간다.

봄날의 자작나무 숲이다.

봄이 왔지만 입산 금지 기간에는 사실 지루할 정도로 조용한 날이 많았다.

금지 기간이 지나자 사람들이 몰려오기 시작했다. 어제는 웨딩 사진을 찍는 커플이 다녀갔다. 전문 사진가에게 촬영을 맡기는 게 아니라 스스로 찍는 셀프 웨딩 사진이다. 카메라 삼각대를 설치해 놓고 다양한 자세로 멋진 장면을 연출한다. 그들은 '우리보다 더 행복한 사람 있으면 나와 봐!'라는 표정을 카메라에 담는가 싶더니 별안간 티격태격 다투기 시작했다. 이윽고 신부가 될 여자가 울음을 터뜨렸다.

사람들은 참 신기하다. 감정이라는 게 있다. 금방 웃다가 금방 울기도 한다. 물론 나무들에게도 감정은 있다. 하지만 사람들만큼 변덕스럽진 않다.

뭐니 뭐니 해도 이 숲은 아이들이 떼지어 몰려올 때 가장 활기차다. 물론 아이들이 몰려오면 기분은 좋지만 시끄러운 것은 사실이다. 조용히 숲에 대한 설명을 듣는 아이들도 있지만 유달리 산만한 아이들도 있다. 오늘도 좀 시끄러운 아이들이 다녀갔다.

이 숲에 있는 자작나무들은 말을 할 줄 안다. 하지만 사람들은 그들의 이야기를 알아듣지 못한다. 그러나 딱 한 사람, 숲짱 할아버지만 나무들의 이야기를 알아듣는 능력이 있다.

숲짱 할아버지는 평생 나무들을 위해 살아왔다. 할아버지는 나무를 대할 때 늘 나무의 입장을 먼저 생각했다. 다른 사람들처럼 인간에게 이로운 방향으로만 생각하지 않았다.

"얘들아, 어제 힘든 일은 없었니? 어디 다친 덴 없고?"

숲짱 할아버지가 나무들을 어루만지며 여기저기 둘러보았다.

"아이들이 우르르 몰려와서 발로 차거나 가지를 꺾지 않을까 걱정했단다. 상처가 없으니 다행이다."

인간 세계에는 사실 이런 사람이 흔치 않다. 숲짱 할아버지를 오래도록 지켜보던 '숲의 신'이 할아버지에게만 인간이 가질 수 없는 신비한 능력을 허락했다. 그런데 할아버지는 자신에게 그런 능력이 생겼는지 아직 잘 모르는 것 같았다.

이 숲에선 키가 가장 큰 아이가 키다리이고, 두 뼘쯤 작은 아이가 홀쭉이다.

키다리 : "어이, 친구! 오랜만에 우리 인사나 할까? 잘 있었어?"

홀쭉이 : "음, 잘 있었어!"

키다리 : "그런데 넌 이름이 있냐?"

홀쭉이 : "이름? 그게 뭔데? 난 그런 거 없는데."

키다리 : "하긴 나도 이름이 없어. 혹시나 하고 물어봤지. 우리 이참에 이름이나 지을래?"

홀쭉이 : "우리가 이름이 필요할까?"

키다리 : "난 있으면 좋을 것 같은데. 멋져 보일 것 같아."

홀쭉이 : "그래? 그러면 너나 좋은 이름 많이 지어라. 나는 그런 거 필요 없어."

나무들은 모두 착한 줄 알았는데 홀쭉이는 성격이 좀 까칠한 것 같다. 대답을 할 때도 엄청 퉁명스럽다.

"그런데 우리 이름은 누가 지어 준데?"

비가 와서 숲 방문객이 없던 날, 까칠해 보이던 홀쭉이가 불쑥 말을 건다.

"우리 숲에 거의 매일 오시는 숲짱 할아버지께 부탁해 보려고."

뭔가 재미있는 일이 생길 것 같아 키다리는 기분이 좋아진다.

"너는 그 할아버지와 친하니?"

"친하다기보다는 우리를 심어 주고 가꿔 주신 분이라 고맙게 생각하고 있지. 그리고 그 할아버지는 손이 참 따스해. 할아버지가 따스한 손으로 내 몸을 만져 줄 때 참 좋았어."

숲짱 할아버지는 이 자작나무 숲을 찾아오는 손님들을 상대로 숲 해설을 한다.

할아버지는 청년 시절부터 우리 나라의 숲을 지키고 가꾸는 일을 했다. 그러다 보니 할아버지는 어쩌면 사람에 대해서보다 나무에 대해 더 자세히 안다. 이 원대리 자작나무 숲도 할아버지가 청년 시절부터 만들고 가꾸어 왔다.

지난 시절 이 나라 사람들은 숲의 소중함을 잘 몰랐다. 나라를 빼앗기고 살다가 전쟁까지 겪다 보니 무엇보다 고픈 배를 부르게 하는 것이 가장 먼저였다. 대신 지금처럼 마음이 우울한 사람은 별로 없었다.

요즘은 마음이 우울한 사람들이 많아져서 사람들은 마음을 치유해 주는 숲의 소중함을 알게 되었다.

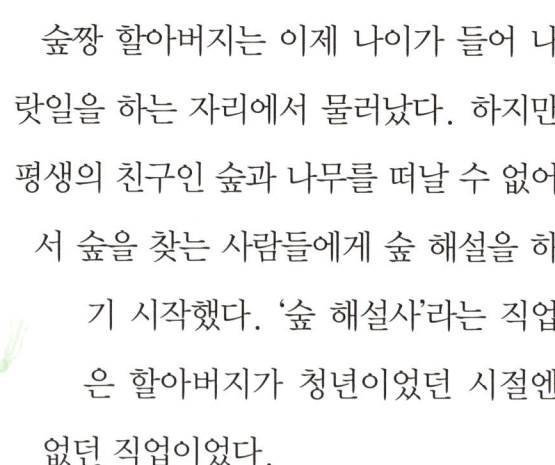

숲짱 할아버지는 이제 나이가 들어 나랏일을 하는 자리에서 물러났다. 하지만 평생의 친구인 숲과 나무를 떠날 수 없어서 숲을 찾는 사람들에게 숲 해설을 하기 시작했다. '숲 해설사'라는 직업은 할아버지가 청년이었던 시절엔 없던 직업이었다.

오늘도 초등학생 한 무리가 체험학습을 다녀갔다.

아이들을 보내고 한숨을 돌리기 위해 할아버지가 자작나무 그늘에 앉아 땀을 식힌다. 그때를 놓치지 않고 키다리가 할아버지께 말을 걸었다.

"할아버지, 저는 키다리 자작나무인데요. 할아버지께 부탁이 있어요."

할아버지는 키다리의 말을 알아듣지 못했다. 키다리는 실망스러워 키 큰 가지를 흔들며 재촉했다.

그제서야 할아버지는 키다리의 말을 알아들었다.

"자작나무가 말을 하다니 참 신기하구나."

"이제 내 말이 들리나요, 할아버지?"

"응, 이제 들리는구나. 나는 아까 체험학습 왔던 초등학생이 아직도 안 간 줄 알고 깜짝 놀랐단다."

"하하하, 제 목소리가 초등학생 같나요? 저는 나이가 제법 많은데요."

"그래, 부탁이라는 게 뭐냐?"

"할아버지, 저희들도 사람들이 부르는 무슨무슨 나무 말고 진짜 자기만의 이름이 있었으면 좋겠어요. 할아버지가 저희들 이름 좀 지어 주세요."

"왜 이름이 필요하니?"

"여기 오는 아이들은 모두 자기 친구들 이름을 부르면서 놀았어요. 친구들 이름을 부를 때 아주 즐거워 보였거든요. 이름뿐 아니라 별명을 부를 때 더 즐거워 보였고요. 그래서 나도 이름이 있었으면 좋겠다고 생각한 거죠."

"그래, 그렇다면 한번 지어 보도록 하자."

골똘히 생각에 잠겨 있던 할아버지가 잠시 후 입을 열었다.

"너는 '자작이'가 어떠냐? 너희 나무 전체의 이름이 자작나무니까 대표적으로 그렇게 부르면 어떨까?"

개성이 있고 예쁜 이름을 잔뜩 기대하던 키다리가 입을 삐죽거리며 불만을 터트렸다.

"자작이? 제 마음에 안 드는데요. 요즘 아이들 같은 예쁜 이름이 갖고 싶어요."

"그건 사람들 세계의 유행이지. 이 자작나무 숲과는 상관이 없질 않느냐. 너는 자작나무 중에서 처음으로 이름을 갖게 되니까 대표성을 갖고 자작이로 하는 것이 좋을 것 같다."

키다리는 잠시 생각해 보더니 손가락으로 동그라미를 그려 보였다. '오우케이'라는 의미였다.

자작이는 옆에 있는 홀쭉이 자작나무를 가리키며 할아버지께 말했다.

"이 아이의 이름도 지어주세요!"

할아버지가 웃으며 말했다.

"저 녀석은 예쁘고 날씬하게 생겼으니 여자 이름을 붙여 주마. 예전엔 교과서에 나오는 여자아이 이름이 영희였어. 거기서 따서 '작희'라고 부르면 어떻겠니?"

"작희? 이거 여자에게 붙이는 이름 아닌가요?"

"너희 자작나무는 암·수가 따로 없단다. 여자도 되고 남자도 되는 거지."

이때 옆자리에서 지켜보던 꼬맹이 자작나무가 가지를 흔들며 소리쳤다.

"할아버지, 저도요! 제 이름도 지어 주세요!"

"막내로구나……. 그런데 너는 뭐라고 불렸으면 좋겠냐?"

"저는 보시다시피 키도 작고 몸집이 가늘어서 강한 이름을 받고 싶어요."

"그래? 강한 이름이라…… 이건 연구를 좀 해 봐야겠는데……."

할아버지는 다시 생각에 잠겼다.

"아, 이렇게 하면 되겠다. 옛날

《삼국지》라는 소설에 나온 관우나 장비가 아주 용맹한 장군이었어. 그 사람들 이름자를 빌려 와야겠다. 작우가 좋을까, 작비가 좋을까 한번 생각해 보자."

막내 자작나무는 잠깐 생각해 보았다.

"할아버지, 이름은 소리내는 발음이 중요하니까 작비로 해 주세요. 그게 발음이 더 좋은데요."

"하하하, 그리하자꾸나. 그럼 네 이름은 지금부터 '작비'다. 그러면 너희들 이름은 자작이, 작희, 작비 이렇게 정하는 거다. 한 번 정했으면 서로 그 이름을 불러 줘야 한단다."

"네, 할아버지. 고맙습니다!"

"그럼 이름을 지었으니 내친김에 형과 아우를 정해야지?"

할아버지가 등에 진 망태기를 벗어 이상하게 생긴 도구를 꺼냈다.

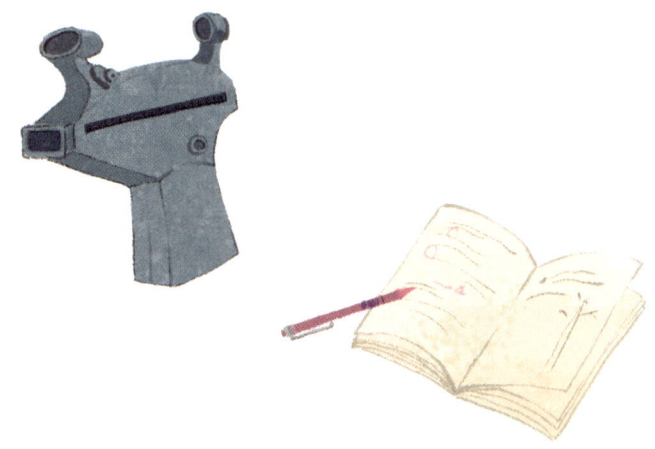

성질 급한 '자작이'가 물었다.

"할아버지, 그게 뭐예요?"

"이것은 나무의 키를 재는 측고기라는 도구란다. 자작이부터 두 팔을 똑바로 펴고 반듯하게 서거라."

"네!"

자작이가 두 팔을 활짝 펴고 차렷 자세로 섰다. 할아버지가 권총같이 생긴 측고기로 자작이의 키를 재고, 눈금이 촘촘한 줄자로 허리둘레를 재서 수첩에 적었다.

말 많은 자작이가 또 나섰다.

"할아버지, 어떻게 됐어요?"

"기다려라, 아직 끝나지 않았다. 작희와 작비도 해야 할 것 아니냐."

할아버지가 작희와 작비의 몸 치수를 재서 수첩에 적었다. 조사를 마친 할아버지가 수첩을 펴 들고 섰다.

"결과를 발표하겠다. 모두 주목하도록!"

자작이, 작희, 작비 모두 긴장된 얼굴로 할아버지를 쳐다보았다.

"자작이는 키 16m, 허리둘레는 86cm다. 작희는 키 15m, 허리둘레는 82cm이고, 막내인 작비는 키가 12m이고 허리둘레는 46cm다. 형과 아우는 나이 순으로 정해야 하지만, 자작이와 작희는 같은 해에 심었기 때문에 2019년 현재 서른 살 동갑내기다. 그러니 신체검사 결과에 따르기로 하자."

"같은 나이인데 덩치만 크면 형인가요? 그건 공평하지 못해요, 할아버지!"

엉겁결에 동생이 되어 버린 작희가 퉁명스럽게 대꾸했다.

"너희 둘은 양묘장•에서부터 함께 자랐는데 누가 형이고 누가 동생이면 어떠냐. 그만큼 너희 둘은 끈끈한 관계라는 거

• 양묘장 : 식물의 씨앗이나 모종, 묘목 따위를 심어서 기르는 곳. 종묘장.

야. 나는 그걸 가르쳐 주고 싶어. 나는 너희 셋을 따로따로 기억하기보다는 '자작이 삼남매'로 기억할 것이다."

"네, 할아버지. 그거 좋네요. 할아버지가 삼남매라고 하시니까 우리도 이전보다 친해진 느낌이에요. 그런데 작비는 왜 우리보다 몸집이 작을까요?"

"작비는 너희들보다 늦게 심어서 그렇단다."

"왜 저만 늦게 심었을까요?"

작비가 끼어들었다.

"보식을 해서 그렇지."

"보식? 그게 뭐예요?"

"먼저 심은 나무가 죽은 자리에 다시 나무를 심는 것을 보식이라고 한단다."

"기분 나빠요, 할아버지! 나무가 죽은 자리에 다시 심다니……."

"그건 네가 잘못 알고 있는 거란다. 자연 생태라는 것은 죽는 것과 사는 것이 서로 연결되어 있고, 서로 결이 다르지 않다는 것을 배우는 것이지."

작비는 잘 이해하지 못한 표정이었다.

그때 이마에 거무튀튀한 혹을 달고 있는 혹부리 자작나무가 훅 들어왔다.

"할아버지, 저는 이름 같은 건 필요 없고요. 큰 고민이 있는데요. 저한테는 왜 못생긴 혹이 달렸을까요? 다른 나무들은 모두 깔끔한 외모를 가졌는데 저만 이래서 슬퍼요."

"너는 다른 나무에 없는 보물을 갖고 있는데 왜 슬프냐!"

"이 보기 싫은 혹이 보물이라고요?"

"네가 몰라서 그렇다. 그 혹은 자작나무에만 붙어 사는 차가버섯이란다."

할아버지는 혹부리 자작나무의 궁금증에 대해서 자세히 설명해 주었다.

"네가 달고 있는 혹은 사람들이 약으로 쓰는 아주 귀한 버섯이란다."

"이 혹을 약으로 쓴다고요?"

"차가버섯은 자작나무에만 기생하

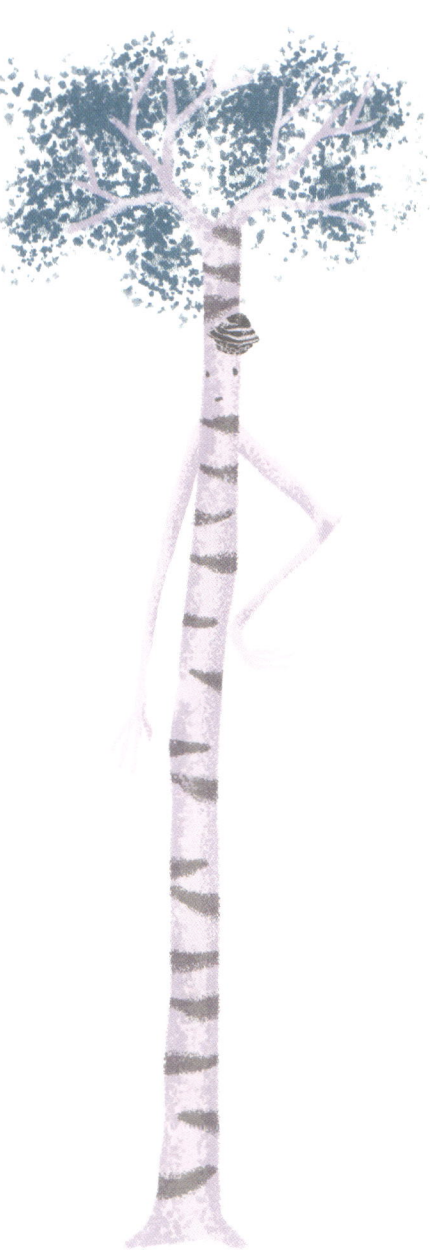

는 버섯인데, 항암이나 면역력 증가에 효험이 많아서 특히 암 환자들이 유용하게 쓰는 식품이지. 사람을 살리는 일을 하는 버섯을 키우고 있으니 너는 지금 매우 좋은 일을 하고 있는 거란다."

"그러면 이대로 놔둘 수밖에 없다는 건가요?"

"버섯이 생겼다고 네 몸이 당장 어떻게 되지는 않는단다. 지금 보니까 아직까지는 문제가 없는 것 같다. 내가 올 때마다 신경 써서 볼 테니 너무 걱정하지 말거라."

"걱정을 많이 했었는데 할아버지 말씀을 듣고 보니 안심이 되네요. 고맙습니다, 할아버지!"

그때 칡넝쿨에 온몸이 감겨 있는 자작나무도 할아버지에게 고민을 호소했다.

"할아버지, 저는 이 칡넝쿨 때문에 답답해 죽겠어요. 이 넝쿨 좀 어떻게 할 수 없을까요?"

"칡넝쿨은 나무의 광합성 활동을 방해해서 나무를 죽이는 나쁜 식물이란다."

"광합성 활동이 뭐예요, 할아버지?"

막내 작비가 끼어들었다.

"광합성 활동이란, 지구상에 존재하는 모든 녹색식물이 햇빛과 물과 탄산가스를 원료로 해서 식물이 먹고사는 양분을 만드는 작용을 말한단다."

"칡넝쿨이 왜 광합성 활동을 방해할까요?"

"그건 칡넝쿨이 나무줄기를 타고 올라가 광합성 원료인 햇빛을 차단하기 때문이지."

"그러면 칡넝쿨을 뽑아내면 되잖아요?"

"말은 쉽지만 칡넝쿨은 번식력이 강해서 줄기를 잘라도 다시 돋아나기 때문에 완전히 제거하기는 매우 어렵단다. 그보다

너는 칡넝쿨이 감고 있어 예쁜 나무껍질이 못쓰게 생겼으니 어쩌면 좋으냐."

"빨리 칡넝쿨을 걷어 주세요, 할아버지."

"칡넝쿨에 감긴 나무는 바람이 불거나 물리적인 힘을 가하면 칡에 감겼던 자리가 부러진단다. 더구나 너는 하얀 수피가 자랑인데 흉측하게 되었으니 빨리 치료를 받아야겠구나."

사람들 세계에서 많이 쓰는 말이 있다. 갈등(葛藤)이라는 말이다. 칡넝쿨은 왼쪽으로 감고 등나무는 오른쪽으로 감기는 모양에서 유래한 말이다. 갈등이란, 사람들 사이에 이해관계가 달라 서로 미워하거나 의견 충돌을 일으키는 것을 말한다.

그렇지만 숲에는 갈등이란 말이 없다. 숲에서는 칡과 등나무가 서로 자리를 양보하는 것이다. 사람들이 숲에 와서 배워 가야 하는 것이 바로 이것이다.

🍃 자작이 삼남매는 어디에서 왔을까?

"할아버지!"

호기심 많은 자작이는 질문 박사다. 할아버지의 시선을 절대 놓치지 않는다.

"왜 우리를 여기 심었을까요?"

"자작이가 좋은 질문을 했다. 나무를 심을 때는 무슨 나무를 어떤 목적으로 심을 것인가, 그리고 몇 년 후에 벌목(나무를 베는 것)하여 어디에 쓸 것인가를 미리 계획하고 심어야 한단다. 그러면 왜 여기 이 산속에 자작나무를 심었을까?

그 이유를 알고 싶으면, 나무를 심기 전에 이 산이 어떤 상태에 있었는가를 먼저 알아야 한단다. 이 산에는 옛날부터 소나무가 많이 자라고 있었지. 그런데 그 소나무에 솔잎혹파리라는 해충이 심하게 피해를 주어 소나무를 잘라 내고 다른 나무를 심어야 할 지경에 이르렀단다.

무슨 나무를 심을까? 이런저런 궁리 끝에 솔잎혹파리가 먹지 않는 활엽수를 심기로 했지. 그런데 기왕이면 목재로도 가치가 있고 보기도 좋은 자작나무를 선택해서 심게 된 것이다. 천사의 날개옷을 닮은 하얀 자작나무 수십만 그루가 무리 지어 서 있는 광경을 상상해 봐라. 얼마나 멋진 광경이겠느냐.

 그때 자작나무를 심기로 한 결정이 오늘 너희들을 있게 했고, 많은 사람들의 사랑을 받게 한 원동력이 된 것이란다.

 이 산에 자작나무를 심던 해는 날씨가 가물어서 무척이나 고생을 했단다. 나무 심기 작업에는 원대리는 물론이고 서리골, 소치골, 부평리, 정자리 주민들까지 모두 나와서 함께 심었지. 젊은 청년들은 무거운 묘목을 등짐으로 져 날랐고, 나이 든 어른들과 부녀자들까지 나와서 나무를 심었단다."

 나무심기가 끝나던 날, 숲짱 할아버지는 빼곡하게 심겨진 자작나무를 둘러보고 감격했다. 이 골짝, 저 능선 어디 하나 빠진 곳 없이 알뜰하게 심겨진 70만 그루의 자작나무가 질펀하게 펼쳐졌다. 오랜 가뭄 끝에 내린 단비를 흠뻑 맞은 자작나무에 생기가 흘렀다. 병든 소나무를 잘라낸 황량한 산자락에 자작나무의 푸른 생명이 용솟음치고 있었다.

 옛날 생각에 푹 빠져 있는 할아버지를 자작이는 그냥 두지

않는다.

"할아버지! 그럼 우리들의 고향은 어디죠? 우리를 어디서 데려왔을까요?"

"때가 되면 가르쳐 주려고 했는데, 너는 성질도 참 급한 녀석이로구나. 너희들의 고향은 북해도란다."

"북해도라고요? 북해도는 일본 땅이잖아요?"

"그렇지. 일본 땅이지. 너희들 고향이 왜 러시아나 핀란드가 아니고 북해도가 됐을까?"

"그야 저희는 모르죠……."

"자작나무의 원산지는 북유럽이다. 북유럽의 겨울 날씨는 눈이 많이 내리고 또 매우 춥단다. 그 지역 날씨에 적응된 자작나무는 영하 20~30℃는 물론이고 사정이 나쁠 때는 영하 120℃까지 견딘다고 하더라.

그처럼 추운 곳에서 자라는 자작나무를 어떤 이유로 원대리에 심게 되었을까? 우리가 그동안 알고 있었던 자작나무는 진짜 자작나무가 아니고, 자작나무의 사촌격인 사스래나무였단다. 그래서 자작나무를 심기로 했으면 진짜 자작나무를 심자는 생각이었지.

그렇지만 처음 나무를 심기 시작한 그 당시는 자작나무의 원산지인 러시아(구 소련)와 국교가 없어서 종자를 들여올 수가 없었단다. 그래서 대안으로 생각해 낸 것이 북유럽과 기후 조건이 비슷한 일본 북해도산 자작나무 종자를 들여오자는 것이었지. 이야기하고 보니 정말 오래 전의 일이로구나."

산불이 가장 무서워요!

입산 금지 기간인 3월의 자작나무 숲속.

밤사이 비가 내렸다. 앙상하던 나뭇가지가 봄비를 맞아 생기를 찾았다. 가뭄에 시달렸던 나무들이 기지개를 켜고, 얼음 풀린 뿌리는 부지런히 물길을 찾았다. 양지편 산기슭에 노란 병아리를 닮은 봄꽃이 피었다.

궁금한 것은 참지 못하는 막내 작비가 할아버지께 물었다.

"할아버지, 저기 노랑 꽃이 피었어요!"

"생강나무 꽃이다. 강원도에서는 생강나무를 동박나무(동백나무의 강원도 사투리)라고 부른단다."

"왜 생강나무를 동박나무라고 했을까요?"

"동백나무는 따뜻한 남쪽 지방에서 자라는데, 그 나무에서 짠 기름을 여인들의 머릿기름으로 사용했단다. 그렇지만 강원도는 날씨가 추워서 동백나무가 자라지 않기 때문에 생강나무를 동백나무라고 대신 불렀던 것이지."

생강나무는 이른 봄에 제일 먼저 노란 꽃을 피우고, 가을에는 노란 단풍으로 변신하여 자신의 존재를 알린다. 나뭇잎을 따서 혀끝으로 씹으면 알싸한 생강 냄새가 묻어난다고 해서 생강나무라는 이름을 얻었다.

"그런데 할아버지, 나무 이름은 어떻게 지어요?"
"식물을 연구하는 학자들은 그 식물의 모양이나 특징을 보고 이름을 짓는단다. 생강나무처럼 잎에서 생강 냄새가 나면 생강나무라 했고, 가지를 꺾어 물에 넣으면 파란 물이 나온다고 물푸레나무, 잎에서 쓴맛이 나면 소태나무라고 했지."
할아버지가 나무 밑에 떨어진 나뭇잎을 주워 들고 생강나무를 설명했다.
"이것 좀 봐라. 오리발처럼 생겼지? 이게 바로 생강나무 잎이란다."
"와! 정말 오리발을 닮았어요, 할아버지!"
"할아버지는 나뭇잎 모양만 봐도 어떤 나무인지 아세요?"
"그렇지."
"잎이 다 떨어져 가지만 남은 겨울에는 어떤 나무인지 구별이 안 가잖아요?"

"나뭇잎이 없는 겨울에는 나무 밑에 떨어진 낙엽을 주워 보면 나무 이름을 알 수 있단다."

"아, 그렇구나."

"할아버지! 정말 오리발을 닮았어요!"

"앞으로 생강나무 잎은 오리발이라고 기억하면 잊어버리지 않을 게야."

자작나무 숲의 봄은 뻐꾸기 덕분에 분주해졌다.

새봄을 맞은 뻐꾸기가 이 산 저 산을 넘나들며 짝을 찾는다.

봄철은 언제나 날씨가 건조하다. 겨우내 얼었던 땅이 녹고 메마른 바람이 불었다. 코끝에서 느껴지는 건조한 황사 바람에 산불 연기가 묻어 왔다.

봄바람에 졸고 있던 자작나무들도 낙엽 타는 냄새를 맡았다. 깜짝 놀란 자작이가 할아버지를 급하게 찾았다.

"할아버지, 어디서 낙엽 타는 냄새가 나요!"

"어디서 산불이 난 모양이다."

바람이 점점 거세게 불고, 타다 남은 낙엽이 바람을 타고 날아왔다. 119 소방차가 요란하게 사이렌을 울리며 큰길을 내달렸다. 숲짱 할아버지도 소방차 가는 곳을 따라 급히 산 위로 올라갔다.

놀란 막내 작비가 자작이 형을 쳐다봤다.

"형! 어디서 산불이 났나 봐!"

"그러게 말야!"

"어디서 불이 났을까?"

"할아버지가 산 위로 올라가셨으니 내려오시면 알려 주실 거야."

"산불이 우리 동네로 오지 않았으면 좋겠다."

"그게 우리 맘대로 되냐?"

바람은 더욱 거세게 불었다.

이윽고 산 위에 올라갔던 할아버지가 걱정스러운 얼굴로 내려왔다.

"할아버지! 어디서 산불이 났어요?"

"수리봉 너머에서 연기가 나더라."

"그럼 어떻게 되는 거예요?"

"소방차가 출동했으니 기다려 보자."

그때 산불 소방용 헬리콥터가 머리 위로 날아갔다.

"야! 붕어빵 헬기다!"

막내 작비가 소리쳤다. 붕어빵처럼 생긴 헬리콥터가 앞장서고 사마귀처럼 생긴 헬리콥터가 그 뒤를 따라갔다.

산불 진화용 헬리콥터 두 대가 한꺼번에 날아가는 것을 보고 있으니 할아버지와 자작이 삼남매는 안심이 되었다. 대형 헬리콥터가 출동하면 웬만한 산불은 금방 끌 수 있다는 것은 익히 알고 있었다.

헬리콥터를 쳐다보던 막내 작비가 혼잣말로 중얼거렸다.

"아! 나도 헬리콥터 타고 싶다……."

"야, 산불이 났다는데 그런 말이 나오냐?"

자작이가 어이없다는 표정으로 작비를 쳐다봤다.

"형도 타고 싶으면서 괜히 그래!"

막내 작비가 입을 삐쭉 내밀었다.

"할아버지는 헬리콥터 타 보셨어요?"

"그럼, 여러 번 타 봤지. 헬리콥터로 산불도 끄고, 병든 숲이나 밤나무에 농약도 뿌렸지."

"헬리콥터 타면 재미있어요, 할아버지?"

호기심을 누르지 못한 작비가 할아버지께 물었다.

"이 녀석아, 헬리콥터를 재미로 타냐?"

할아버지가 헬리콥터를 보며 말을 계속했다.

"헬리콥터는 편리한 만큼 위험하기도 하지. 하늘에는 강한 바람이 불기 때문에 헬리콥터를 타고 높이 올라가면 매우 위험하단다. 더구나 눈에 잘 보이지 않는 고압선이 있는 곳에서는 여간 주의하지 않으면 안 된다. 몇 해 전에도 산불 끄던 헬리콥터가 고압선에 걸려 추락하는 바람에 조종사가 순직하는

사고도 있었지."

말을 멈춘 할아버지가 생각에 잠긴 듯 눈을 감았다.

잠시 후 할아버지가 자작이에게 물었다.

"자작이 너, 조금 전에 뭐라고 했지?"

"할아버지는 산불을 몇 번 꺼 봤냐고 물었어요."

"글쎄다. 일일이 손꼽아 보지는 않았지만 아마 수백 번은 될 게다."

"그렇게나 많이요?"

"할아버지는 나무 지키고 산 지키는 일로 일생을 살았으니 그럴 수밖에 없지."

"그런데 할아버지, 요즘은 특히 산불이 더 많이 나는 것 같아요."

"봄 날씨가 건조해서 그렇단다. 봄에 산에 간다면 특히 불씨를 조심해야 한다."

"그럼 봄에는 사람들을 산에 못 들어가게 하면 되잖아요?"

"산불이 잘 나는 계절에는 입산을 금지하기도 하지만 잘 지켜지지는 않는단다."

"산불 때문에 강원도의 유명한 낙산사가 불에 탄 적도 있잖아요, 할아버지."

"낙산사는 신라 때 지은 절인데 산불에 타는 바람에 귀중한 문화재를 잃었단다."

"산불 낸 사람은 엄하게 처벌해야 해요. 그런데 그때 산불 낸 범인은 잡았나요?"

"엄한 처벌은커녕 범인도 못 잡았는걸. 2005년 4월 5일 식목일에 발생한 낙산사 산불로 절에 있던 동종까지 불에 타 버렸지. 이 동종은 조선시대 예종이 아버지 세조 임금을 위해 만들었는데, 산불로 타 버려 문화재에 지정하는 '보물'에서 해제되는 비운을 맞기도 했지."

할아버지의 이야기를 듣는 중에 산불 현장으로 출동했던 헬리콥터가 돌아가는 것이 보였다.

"헬리콥터가 돌아가는 것을 보니 산불이 꺼진 모양이다."

"휴, 다행이다!"

너희들! 할아버지가 젊었을 때 겪었던 산불 이야기 하나 해 줄까?"

"좋아요, 할아버지!"

"할아버지가 젊었을 때 잠시 태백산에서 산판 작업을 한 적이 있었단다. 산판은 깊은 산에 들어가 나무를 베는 작업을 말하는데, 이 일을 하는 사람들은 산속에 임시로 지은 '함바'라는 움막에서 먹고 자면서 일을 했지.

그런데 산판 작업을 열심히 하던 어느 날 오후, 산 아래 동네에서 산불이 났지 뭐냐. 십수 명이나 되는 산판 인부들이 작업을 중단하고 산불에 달라붙었지만 바람이 불고 산불이 크게 번져 도저히 끌 수가 없었단다.

지금처럼 산불 끄는 헬리콥터도 없었고, 괭이나 삽으로 땅을 파고 흙을 끼얹었지만 바람 한 번 휘~익 불면 모두가 헛짓이 되곤 했어.

일주일도 넘는 진화 작업의 마지막 날은 모두가 기진맥진해서 산속에서 낙엽을 덮고 잠이 들었는데, 아침에 일어나 눈을 떠 보니 밤사이 눈이 내려 산불이 저절로 꺼졌더구나. 하느님이 도우신 게지.

그 산불은 화전민 아이들 형제가 계곡에서 가재를 구워 먹다 낸 것으로 밝혀졌지.

더욱 안타까운 일은, 불을 낸 아이들이 집으로 도망쳐 헛간에 숨었는데, 산불이 그 헛간을 덮치는 바람에 어린 형제가 불에 타 죽었단다. '산불' 하면 할아버지는 초등학교에 다니는 어린 두 형제가 새카맣게 타 죽은 모습이 지금까지도 눈앞에 어른거려 슬프고 우울한 마음이 생긴단다. 이런 걸 어려운 말로 '트라우마'라고 하지."

"우리도 조심해야겠어요."

"너희들이야 무슨 상관이냐. 사람들이 조심해야지."

"그런데 너희들! 산불에도 종류가 있다는 것을 들어 본 적이 있느냐?"

할아버지가 자작이 삼남매를 보며 물었다.

"산불에도 종류가 있다고요? 처음 들어요. 하지만 산에 사는 나무가 산불 종류를 알아서 뭐하게요? 괜히 머릿속만 복잡하지요."

"그렇지 않아. 나무도 사람 사는 세상의 일부이기 때문에 알 건 알아야 한다. 전문적인 지식이라고 생각할 수도 있지만 차근차근 들어 보거라."

할아버지가 헛기침을 두어 번 하고 나서 말을 시작했다.

"산불의 종류에는 총 네 가지가 있단다. 지표화, 수관화, 수간화, 지중화 이렇게 부르지.

첫 번째가 지표화(地表火). 아이들의 불장난으로 잔디나 낙엽이 타는 불을 말한단다. 이 불은 바람이 없는 날 자작자작 느릿느릿 타기 때문에 나뭇가지로 두들기거나 발로 밟으면 쉽게 꺼지지만, 이 불을 끄지 않고 내버려두면 산으로 올라붙어 큰 불이 된다. 어린아이들의 불장난을 막아야 하는 이유가 여기에 있단다. 비유가 어떨지 몰라도, 바늘도둑이 소도둑 된다는 옛말을 생각하면 이해가 빠를 게야.

그 다음이 수관화(樹冠火)라는 불이다. 잔디에서 시작된 불길이 강해지고 바람이 크게 불면 나무 위로 올라붙는데, 이 불을 말하는 것이지. 대개 큰 산불은 수관화가 되어 피해가 커진단다. 이 산불을 비산화(飛散火)라고도 하는데 산불 중에서 제일 무서운 불이지. 송진이 많은 소나무 숲에 불이 붙으면 수관화로 번지기 때문에 진화하기가 매우 어려워. 돌풍이 불어 산불이 커지면 불 붙은 솔방울이 2킬로미터 이상 날아가기도 한단다.

그 외에도 나무줄기가 타는 수간화(樹幹火)가 있고, 땅속으로 불이 번지는 지중화(地中火)가 있단다."

"할아버지 이야기 속에 어려운 한자가 많아요. 할아버지와 이야기하려면 한자능력 검정시험이라도 봐야겠어요. 게다가 수관화와 수간화는 발음이 비슷해서 구별하기도 어렵고요."

"마저 들어 보거라. 지중화는 땅속에서 완전히 분해되지 않은 낙엽이 타는 불이다. 우리나라에서는 자주 볼 수 없는 산불이지. 땅속에서 서서히 진행되기 때문에 피해 범위도 한정적이란다."

"아! 지중화는 우리나라에서 자주 볼 수 없어서 이해가 잘 안 되었던 거군요. 그런데 할아버지, 제가 오다가다 들었는데요. 소나무 숲이 산불에 가장 약하다는데, 그럼 소나무를 적게 심으면 되는 거 아닌가요?"

"우리나라 산에는 소나무가 많다. 소나무가 많으니 산불이 나면 수관화가 되어 진화가 어렵단다. 더구나 송진이 많은 소나무에 산불이 들어가면 더욱 진화가 어렵지. 앞으로는 병해충에도 강하고 산불에도 잘 견디는 활엽수를 많이 심도록 해야 한다. 침엽수와 활엽수가 적당한 비율로 섞여 있어야 이상적인 산림이란다."

"활엽수가 산불에 강한 이유는 무엇 때문이에요?"

"활엽수는 껍질이 두꺼워서 불에 잘 타지 않거든. 우리나라 산에서 소나무 다음으로 많은 나무는 굴참나무, 졸참나무, 갈참나무, 신갈나무, 떡갈나무, 상수리나무인데, 이들 나무는 껍질이 두꺼워서 산불에 잘 타지 않는단다.

그 다음 이유로는, 봄과 가을에는 낙엽이 떨어지고 가지만 남아 있어서 산불이 나더라도 수관화가 되지 않는다는 점을 꼽을 수 있겠다. 이런 이유들 때문에 활엽수와 침엽수가 적당한 비율로 섞여 있어야 산불 피해를 줄일 수 있다는 말이다."

"할아버지의 설명을 들으니 오다가다 주워들은 말들이 이제야 제대로 이해가 되네요."

나무는
더 살고 싶다

    계절은 4월이지만 아직도 입산 금지 기간이다. 자작나무 가지에 물이 오르고 여린 잎사귀가 돋아났다. 얼굴을 간질이는 바람이 불어오고 맑게 갠 하늘이 눈부시게 푸르다. 솜털 같은 안개구름이 산허리에 걸려 있는 기분 좋은 아침. 원대리 자작나무 숲의 이른 아침 시간이다.

    작업복을 차려입은 한 무리의 아저씨들이 차에서 내렸다. 귀마개가 달린 안전모에 작업화를 착용한 아저씨들의 모습이 마치 전쟁터에 나서는 군인 아저씨를 닮았다.

조용하던 자작나무 숲에 기계톱 소리가 요란하다. 새벽잠에서 아직 깨어나지 못한 자작나무들이 깜짝 놀라 일어났다.
"얘들아, 얼른 일어나!"
자작이가 가지를 우수수 흔들어 친구들을 깨웠다.
"지금 우리가 한가하게 잠자고 있을 때가 아냐. 사람들이 나무를 자르고 있어!"
"뭐야? 나무를 자른다고?"
"그래, 우리 중에도 누군가를 잘라 낼 모양이야!"
"?????"
"!!!!!!!!"
"겁낼 것 없어. 가지에 빨간 끈을 묶어 놓은 나무만 잘라 낼 거니까."
작희가 아는 체를 하고 나섰다.
"정말이야?"
"너는 그것을 어떻게 알아?"
"그저께 숲지기 아저씨가 숲에 들어와 빨간 끈을 묶어 줄 때 진작 눈치챘지."
"어떻게?"

"그게 아니면 왜 병들고 잘 못 자라는 나무만 골랐겠어?"

"……."

"저것 봐! 빨간 끈에 묶인 친구들은 모두가 허약하잖아!"

작희의 말은 사실이었다. 며칠 전에 숲지기 아저씨가 솎아 낼 나무를 골라 빨간 끈을 묶어 놓았었다. 빨간 끈에 묶인 자작나무들은 아무 영문도 모른 채 좋아했는데, 그게 나무를 베어 낼 표식이었던 것이다.

작업이 시작되자 숲은 온통 기계톱 소리로 들썩였다.

그런데 이상하다. 막내 작비는 몸이 허약한데도 빨간 끈에 묶여 있지 않았다. 물론 자작이나 작희 입장에선 너무 다행스러운 일이었다.

작비는 몸이 약한 게 사실이다. 그렇지만 숲지기 아저씨들이 몸이 약하다고 모두 베어 내는 건 아니다. 작비는 지금은 비록 약하지만 앞으로 큰 나무로 자랄 수 있는 조건을 갖추고 있어서 베어 내지 않는 것이다.

덩치가 큰 녀석도 빨간 끈을 묶어 놓았다. 왜냐하면 주변 상황은 고려하지 않고 혼자 자라는 나무는 잘라 내야 하기 때문이다. 숲에 대한 연구가 가장 활발한 독일에서는 다른 나무가

자랄 땅을 혼자 차지하는 나무를 '나쁜 나무(暴木. wolf tree)'라고 부르면서 반드시 잘라 낸다.

"오늘은 할아버지가 안 오시려나?"
 자작이 삼남매는 고개를 기웃거리며 할아버지를 기다렸다.
 다음 날 할아버지가 숲에 오셨다가 자작이 삼남매가 있는 곳에 들렀다.
 자작이는 어제 본 것을 모두 기억했다가 궁금한 것들을 모조리 물었다.
 "할아버지, 어제 숲지기 아저씨들이 와서 나무들을 자르고

갔어요."

"아, 숲에서 솎아베기를 했구나."

"솎아베기요?"

"자작아, 그건 반드시 해야 하는 수고로운 일이란다. 나무는 솎아 주지 않으면 살 수가 없거든."

"그럼 처음부터 솎아 낼 것을 염두에 두고 적당하게 심으면 되잖아요? 자르는 것을 보고 있으면 마음이 아파요."

"그렇긴 하겠다만, 산에 심는 나무를 과수원처럼 널찍하게 심으면 가지를 많이 뻗어 쓸모가 없어진단다. 그래서 촘촘하게 심었다가 적당히 솎아 내고 가지를 다듬어 줘야 좋은 목재를 생산할 수 있게 되는 거란다. 농사일도 씨앗을 뿌린 다음 줄기와 잎이 나오면 적당히 솎아 줘야 하듯이, 나무와 숲을 가꾸는 일도 농사 짓기와 마찬가지란다."

"그러니까 좋은 목재를 생산하기 위해 솎아베기를 하는 거네요?"

"솎아베기를 한 나무는 그렇지 않는 나무에 비해 두 배 이상 잘 자라지. 게다가 나뭇결이 고와서 귀한 목재로 인정받을 수 있단다. 그렇게 보면 나무를 키우는 데 있어 솎아베기 작업이 무엇보다 중요하다고 할 수 있겠지."

　원대리 자작나무 숲에 솎아베기 작업이 끝났다. 모두 새 옷으로 갈아입은 것처럼 산뜻하다. 하얀 몸매를 자랑하는 자작나무는 흰 제복을 입고 나오는 영화 속 열병식의 병사를 떠올리게 한다. 시끌벅적하던 솎아베기 작업 때문에 죽느냐 사느냐 하는 문제로 잔뜩 움츠렸던 숲이 활기를 띠었다. 망태봉에 심어진 70만 그루의 나무들이 각자의 성장을 향하여 줄달음치는 소리가 들리는 것 같았다.

　그러나 오늘 작희의 마음은 우울하다. 사방을 둘러봐도 그 얼굴에 그 얼굴일 뿐 아무 자극도, 재미도 없다. 숲속을 날아다니면 얼마나 좋을까. 커다란 날개를 달고 까마득한 산 너머 낯선 마을까지 날아가 보았으면 좋겠다.

　하늘을 나는 새들과 친구 하고, 솜이불처럼 포근한 뭉게구름을 타고 날았으면 좋겠다. 옆에 있는 자작이와 작비의 손을 잡고 드넓은 숲을 훨훨 날아다녔으면 좋겠다.

　작희는 자신이 땅속에 뿌리를 박고 있는 나무라서 절대로 날 수가 없다는 사실이 실망스러웠다. 그런 작희의 마음을 알기라도 하는 듯 숲속에 사는 온갖 새들이 작희 곁으로 날아왔다. 산비둘기도 꾸륵꾸륵 노래하며 날아왔고, 노란 깃털이 예쁜 꾀꼬리도 찾아왔다.

　작희의 마음이 조금은 위로가 되었다. 작희는 날지 못해도 좋으니 이 평화로운 숲에서 건강하게 자작이, 작비와 함께 오래오래 살았으면 좋겠다는 생각을 한다.

산길을 닦아야 숲이 산다

원대리 자작나무 숲에 솎아베기 작업이 끝나 갈 무렵, 산 너머 어디선가 육중한 기계 소리가 들려왔다. 깜짝 놀란 자작이가 고개를 돌려 보니 집채보다 더 큰 기계가 숲을 파헤치고 있었다.

큰일이 벌어진 모양이다. 이 엄청난 사건을 얼른 숲짱 할아버지께 알려야 하는데, 매일같이 숲에 들어오던 할아버지가 오늘따라 보이지 않는다.

솎아베기에 겁먹은 나무들이 이제 겨우 여유롭게 쉬고 있는

데 마른하늘에 날벼락이 떨어진 것이다. 솎아베기 작업하는 기계톱과는 비교조차 되지 않는 어마어마하게 덩치가 큰 괴물기계였다.

잔뜩 겁먹은 자작이가 작희와 작비를 흔들어 깨웠다. 셋은 함께 괴물기계를 살펴보기로 했다.

괴물기계는 덩치가 무지막지하게 컸다. 주걱처럼 생긴 기계 팔은 정말 힘이 셌다. 흙을 한 주걱 파 올려 차에 실으면 금세 차가 가득 찰 정도였다. 그뿐 아니다. 괴물기계는 높은 데서 흙을 파서 낮은 데로 메우며 험준한 산비탈을 편평하게 다지고 있었다.

도대체 무슨 일이 벌어지고 있단 말인가! 아무것도 알지 못하는 자작이 삼남매는 발을 동동 굴리고 있을 뿐이다.

긴장되는 시간이 얼마나 지났을까. 숲지기 아저씨가 숲으로 들어왔다. 반가움이 앞선 자작이가 온몸을 흔들어 아저씨를 불렀다.

"아저씨, 여기요 여기!"

숲지기 아저씨는 자작이가 부르는 소리를 듣지 못했다. 시끄러운 괴물기계 소리 때문일까? 아니다. 나무들의 목소리를 들을 수 있는 사람은 오직 한 사람, 숲짱 할아버지밖에 없었다.

"왜 내 목소리를 못 듣는 거지?"

안달이 난 자작이는 온몸을 흔들며 더 큰 소리로 아저씨를 불렀다. 하지만 아저씨는 자작이 쪽으로는 고개도 돌리지 않았다. 그때 멀리서 숲짱 할아버지가 숲으로 들어오는 것이 보였다.

"할아버지, 여기요 여기!"

자작이 삼남매가 지나가려던 숲짱 할아버지를 한목소리로 불렀다. 할아버지가 웃음을 머금고 다가왔다.

"이 녀석들아! 아침부터 웬 소란들이냐!"

"할아버지, 저희들 말 좀 들어 보세요."

"그래, 무슨 일인데 이렇게 호들갑을 떠느냐?"

"할아버지! 그게 아니고요. 이상하게 생긴 괴물기계가 산을 마구 파헤치고 있어요. 저것 좀 보세요. 나무들을 함부로 밀치고 부러뜨리고 있잖아요!"

자작이가 흥분한 목소리로 말했다.
"맞아요. 힘센 저 괴물기계 너무 무서워요!"
막내 작비가 몸을 부르르 떨었다.
"저 기계가 갑자기 이 숲엔 왜 들어왔을까요?"
작희도 고개를 갸웃하며 할아버지께 물었다.
"아하! 너희들이 임도 만드는 것을 보고 놀란 모양이구나."

"임도라고요? 그게 뭔데요, 할아버지?"

"이 녀석들아, 산에 살면서 임도를 모른단 말이냐? 임도란 나무를 운반하거나 숲을 관리하기 위해서 산에 낸 도로를 말하지."

"그런데 임도를 만든다면서 나무를 함부로 해치는 건 잘못된 거 아닌가요?"

"함부로 땅을 파헤치는 게 아니라, 설계도에 따라 임도를 설치하는 작업이다. 산길을 닦아야 숲을 살릴 수 있는 거란다."

"그런데 할아버지! 괴물처럼 무지막지하게 생긴 저 기계 이름이 뭐예요?"

"굴착기라는 기계 장비란다. 땅을 파고 흙을 옮기는 데 유용하게 쓰이는 기계지."

"굴착기가 나무를 부러뜨리거나 상처를 내기도 하는데 조심해야겠어요."

"그렇잖아도 나무들이 피해를 입지 않도록 굴착기 조종사에게 부탁을 해 두었다."

"할아버지, 임도를 만들지 않으면 그런 일도 없잖아요?"

"그래도 임도는 꼭 필요하단다. 사람에게 핏줄이 있다면 산에는 임도가 핏줄이나 마찬가지지. 임도를 통해서 나무와 숲을 가꾸는 장비가 들어오는 거야. 산불이 났을 때 소방차도 그 임도를 통해 들어올 수 있는 거란다. 또 임도를 통해서 이 자작나무 숲을 보려는 사람들이 들어오고 있지 않느냐. 그런데도 임도를 만들지 말란 말이냐?"

"제 생각은 좀 달라요. 조용하게 살던 자작나무 숲 친구들이 임도 만드는 괴물기계 때문에 나무가 부러지고 상처를 입었잖아요. 임도를 만들지 않으면 그런 일도 없을 거 아녜요?"

자작이가 또박또박한 어조로 말했다.

"너희는 하나만 알고 둘은 모르는구나. 임도는 나무와 숲을 살리는 핏줄이다. 우리나라는 아직 임도 시설이 많이 부족하지만 가까운 일본은 물론이고 독일이나 캐나다와 같은 임업 선진국들은 임도가 잘 되어 있어서 산림 경영에 모범을 보이고 있단다."

산에 길이 있어야 사람이 다닐 수 있다. 길을 따라 산림을 관리하는 각종 기계 장비가 들어오기도 한다. 길은 사람 몸의 실핏줄과 마찬가지다. 임도는 많을수록 좋지만, 무작정 임도가 많다고 좋은 건 아니다. 무엇이든 그렇겠지만 적재적소에 있어야 한다. 임업 선진국일수록 임도가 적재적소에 촘촘하게 설치되어 있다.

  우리나라는 세계에서 가장 빠른 기간에 산림 녹화에 성공했다. 해마다 산림 사업에 투자하는 예산도 증가되고 있어 희망적이다. 그러나 아직까지도 임도 시설이 턱없이 부족하다. 지금보다 훨씬 더 많이 늘려야 한다.

숲짱 할아버지는 나무의사

"할아버지! 나무의사라는 게 있나요?"

어느 날 숲짱 할아버지를 보자마자 자작이가 물었다.

"나무의사? 그게 뭐예요?"

작비가 처음 들어 본다는 듯 고개를 갸우뚱하며 말했다.

"나무의사가 나무의사지 뭐겠느냐? 녀석들 참 엉뚱하기는……."

"할아버지, 그게 아니고요. 나무나 숲이 병들 때 치료해 주는 나무의사가 있단 말을 들었거든요."

자작이의 말에 할아버지가 웃으며 대답했다.

"허허. 너는 참 별것을 다 아는구나. 그래, 나무의사란 게 있지. 바로 너희들의 친구, 이 숲짱 할아버지가 나무의사란다."

자작이가 깜짝 놀라며 할아버지를 쳐다보았다.

"숲짱 할아버지가 나무의사라고요? 그런데 그걸 왜 이제야 말씀하시는 거예요?"

"언제 물어 보기는 했고?"

"할아버지! 나무의사가 무엇을 하는 것인지 더 자세히 알고 싶어요."

작희가 눈을 동그랗게 뜨고 할아버지를 재촉했다.

"사람이 아프면 병원에 가고, 가축이 아프면 동물병원에 가지 않느냐. 그처럼 병든 나무를 치료하는 사람들이 나무의사란다. 우리 주위에서 흔하게 볼 수 있는 고목(오래된 나무)들이 병들어 죽는 것을 예방하고 치료하기 위해서 나무의사 제도를 만들었단다."

"숲짱 할아버지도 병든 나무를 많이 고치셨어요?"

"그럼! 수도 없이 많이 고쳤지."

"그러면 할아버지는 나무에서 발생하는 모든 병을 고칠 수

있겠네요?"

"꼭 그렇지만은 않다. 병이 든 나무는 우선 무슨 병인지 혹은 무슨 벌레가 숨어들었는지를 정확하게 진단해서 그에 합당한 약을 써서 치료를 한단다."

"그러면 할아버지, 소나무에 번지고 있는 소나무재선충이란 병도 할아버지가 치료할 수 있나요?"

"소나무재선충은 아직까지 완전하게 치료할 약이 개발되지 않아서 치료가 어렵단다. 다만, 소나무가 병에 걸리지 않도록 미리 예방약을 뿌리거나 소나무 줄기에 농약을 주사하는 일이 고작이라서 안타까울 뿐이지."

"할아버지는 병든 나무를 한 번 쳐다보기만 해도 무슨 병에 걸렸는지, 또는 무슨 벌레가 먹었는지 알겠네요?"

"나뭇잎이 누렇게 변하거나, 나무줄기가 말라 죽거나, 그리고 가을도 아닌데 낙엽이 일찍 지는지, 또 나무줄기나 잎에 벌레가 붙어 있는지를 살피고, 마지막으로 나무가 자라는 토양 환경이 나빠지지는 않았는지 등을 세세히 살펴봐야 정확하게 진단할 수 있는 거란다."

"그런데 할아버지, 나무들이 병들지 않게 하려면 어떻게 해야 하나요?"

"깊은 산속에 살고 있는 너희들이야 무슨 걱정이냐. 사람들이 붐비는 공원이나 관광지에 서 있는 천연기념물이나 보호수 같은 고목이 문제인 게지."

"사람들이 많이 다니는 공원이나 관광지에 살면 구경도 많이 하고 좋잖아요?"

"그야 물론 사람들이 많이 봐 주면 좋기는 하겠지만, 나무를 흔들거나 올라타거나 해코지를 하는 게 문제란다. 그리고 나무 주위를 돌아다니면서 땅을 밟아대기 때문에 땅속뿌리가 자라지 못하고 결국엔 나무가 고사(말라 죽음)하게 되는 것이지."

"땅을 밟으면 나무가 죽나요, 할아버지?"

"나무도 사람처럼 숨을 쉰단다. 나무는 잎의 뒷면에 있는 숨구멍으로 대부분의 숨을 쉬지만 땅속뿌리로도 숨을 쉬지. 뿌리가 숨을 쉬어야 나무가 자랄 텐데 사람들이 땅을 밟아대니까 토양이 돌덩이처럼 딱딱하게 굳어져서 땅속의 나무뿌리가 자라지 못하게 되는 거란다. 얼마 동안은 견디겠지만 뿌리가 먼저 죽고 결국에는 나무가 따라서 죽게 되는 게다."

"나무 근처에는 사람들이 가지 못하게 해야겠네요."

"그러니 조심해서 다녀야 한다. 사람들이 땅을 밟아 오래 묵은 고목들의 약한 뿌리가 죽게 만들거나, 뿌리 근처에 콘크리트로 놀이터를 만들어서 나무를 죽게 하는 경우가 수도 없이 많단다."

"할아버지는 병든 나무를 얼마나 치료했나요?"

"할아버지가 나무의사 노릇을 한 지가 벌써 20년이 훌쩍 넘었구나. 그동안 여러 곳을 다니면서 병들고 벌레 먹은 나무를 치료하고 진단한 숫자만도 수십만 그루가 넘을 게다."

"나무를 치료하면서 있었던 재미난 이야기 하나 해주세요, 할아버지!"

"병든 나무를 치료하는 데 무슨 재미난 이야기가 있겠냐마는 특히 기억에 남는 게 있긴 하지. 너희들도 알고 있는 나무인데, 속리산 입구에 가면 멋지게 생긴 천연기념물 소나무가 있지? 그 정이품 소나무가 솔잎혹파리에 걸렸을 때 소나무 전체에 그물망을 씌워서 소나무를 살려 냈단다.

또 몇 년 전에 동해안 산불로 낙산사가 불에 탔을 때 산불에 그을린 의상대 소나무를 살려 낸 기억이 새롭구나. 그 소나무는 낙산사의 의상대를 배경으로 동해안을 굽어보고 있는 명품 소나무인데 산불에 그을려서 고사될 위험에 있었지. 시커멓게 불탄 소나무를 처음 봤을 때는 살려 낼 가망이 없다는 생각이 들었지만, 그럼에도 나무의사로서 최선을 다할 수밖에 없었단다.

불에 탄 수피에 치료용 마대를 정성껏 감아 주고, 누렇게 그을린 잎에는 증산 억제제를 뿌려 수분이 날아가는 것을 막아 주었지. 마지막으로 극도로 쇠약해진 소나무에 정성껏 영양제를 주사하여 살려 낸 기억이 뚜렷하게 남아 있다. 1%의 기술에 99%의 정성을 담아 치료한 낙산사 소나무가 이듬해 새싹을 냈을 때 비로소 이 할아버지가 나무의사라는 자부심을 벅차게 느꼈단다."

소나무가 걱정스럽다

다음 날 자작나무 숲에 들른 숲짱 할아버지는 다른 때와 달리 얼굴이 어두웠다. 뭔가 근심이 있는 것 같았다.

할아버지의 얼굴을 살피던 자작이가 나섰다.

"할아버지, 무슨 걱정이 있으세요? 안색이 안 좋으시네요."

할아버지는 자작이가 눈치가 참 빠르다고 생각한다.

"자작이한테 내 마음을 들켜 버렸구나. 할아버지가 지금 걱정이 많단다. 소나무들 때문이야. 소나무재선충병 때문에 온통 걱정이다. 이 병은 일본에서 처음 발견되었지만, 오랫동안

원인을 알지 못하는 사이에 일본 적송을 전멸시키고 대만의 유구송을 황폐화시켰을 정도로 무서운 병이란다. 우리나라는 서울올림픽이 열리던 1988년에 부산 금정산에서 처음 발생되어 소나무와 해송에 큰 피해를 입히고, 지금은 내륙 지방까지 피해가 확산되고 있다는구나."

"참 무서운 병이네요. 근데 이 병이 우리나라에는 어떻게 들어왔을까요?"

옆에 있던 작희가 관심을 보였다.

"수입 화물을 운반, 포장하는 나무상자 속에 재선충 애벌레가 들어 있는 것을 몰랐던 게지. 1mm도 안 되는 애벌레 한 쌍이 20일 만에 약 25만 마리로 불어나고, 그 애벌레가 나무의 물이 올라가는 통로를 막아 나무를 죽게 만든단다. 이 병을 막지 못하면 우리나라 소나무도 모두 위험하다."

"할아버지, 아주 무서운 병인데 다른 나무한테 옮기기도 하나요?"

"너희들도 걱정이 되는 모양이구나. 방제(병충해로부터 예방하거나 구제하는 것)를 잘못하면 다른 나무에 옮기기도 하지. 하지만 옮기는 경로가 좀 복잡하단다. 재선충 애벌레는 날지 못하

거든. 날개도 없는 재선충이 다른 나무로 옮겨 가는 방법을 간단히 설명하면 이렇단다. 병든 소나무에 들어 있던 재선충 애벌레가 솔수염하늘소 몸속에 들어 있다가, 솔수염하늘소가 다른 나무로 날아가 즙액을 빨아먹을 때 재선충 애벌레가 다른 나무로 들어가면 병이 전염되는 거지."

"상당히 복잡하네요. 그렇다면 솔수염하늘소를 열심히 잡으면 되지 않아요?"

"그렇긴 하지. 이 병의 방제를 위해서 솔수염하늘소가 날아다니는 시기에 농약을 뿌리거나 나무에 약물을 주사하기도 하지만, 아직까지는 소나무재선충을 완전히 잡을 수 있는 농약이 개발되지 않았단다."

"그게 그렇게 무서운 병이에요?"

이번에는 막내 작비가 대화에 끼어들었다.

"무섭지. 무섭고말고. 이 병에 걸린 소나무는 살릴 수가 없단다. 오죽하면 '소나무 에이즈'라고 하겠느냐. 재선충병 때문에 소나무가 모두 죽을 수도 있다는 생각을 해 봐라. 생각만 해도 끔찍하지 않느냐. 나무 세계에는 자작나무도 있어야 하지만 소나무도 있어야 하거든. 더구나 소나무는 우리나라를 대표하는 나무가 아니냐. 어느 하나라도 없어지면 안 되는 것이 자연 생태계의 이치란다. 그래서 소나무 집산지인 대관령이나 울진 소광리 금강소나무 숲으로 병이 옮겨 가는 것은 어떤 일이 있어도 막아야 한다."

숲짱 할아버지가 단호하게 말했다. 자작이, 작희, 작비도 고개를 끄덕였다.

"할아버지, 그럼 뭐라도 해 봐야 하지 않을까요?"

자작이가 거들었다.

"그렇지 않아도 울진 소광리 소나무 숲에서 연락이 왔단다. 금강소나무들이 긴급 회의를 소집했는데 나에게 좀 와 달라는구나."

"그럼 할아버지, 울진 다녀오셔야겠네요. 아! 나도 가고 싶다, 울진!"

"나도! 거긴 어떤 곳인지 궁금하다."

막내 작비가 어리광을 부린다.

"아무리 그래도 너희들을 데리고 갈 순 없다. 너흰 여기 원대리 숲이나 잘 지키고 있거라."

"네, 할아버지. 조심해서 잘 다녀오시길 기도할게요!"

자작이 삼남매가 한목소리로 입을 맞춰 인사한다.

숲짱 할아버지, 금강소나무 숲 회의를 지켜보다

경북 울진 소광리 금강소나무 숲은 사람의 손을 거치지 않은, 우리나라에서 하나뿐인 천연 소나무 숲이다. 그야말로 자연 그대로인 것이다!

이 금강소나무 숲에는 금강송 1만 그루가 자라고 있고, 가슴둘레가 60cm 이상인 대형 소나무도 2000여 본이나 서식하고 있다.

이 숲은 매우 특별하다. 300년 전 조선시대에 궁궐의 관재˙와 궁궐 건축에 쓰이는 나무를 생산하는 황장봉산˙으로 지정하여 일반인이 함부로 벌채하지 못하도록 관리했고, 지금은 산림유전자원보호림*으로 특별 관리를 받고 있다.

이 숲에서 자란 소나무는 경복궁을 보수하는 원자재로 사용하였고, 앞으로 150년 후를 대비하여 문화재 보수용으로 사용한다는 타임캡슐을 묻어 두기도 했다.

금강소나무는 우리나라 소나무 중에서도 으뜸으로 치는 나무다. 하늘을 향해 곧게 뻗어 있는 금강소나무의 늠름한 자태를 보면 누구도 넘볼 수 없을 것만 같은 강한 힘과 당당한 기품이 느껴진다. 오죽하면 조선의 왕실에서도 산에 아무나 들어가지 못하게 관리하며 궁궐을 짓거나 나라에 큰일이 있을 때만 베어다 썼을까.

- 관재 : 죽을 때 시신을 넣는 관을 만드는 재료.
- 황장봉산 : 황장은 줄기의 속이 붉은색을 띠는 재질 좋은 소나무를 말하는데, 궁궐에서 쓰기 위해 일반인들이 들어가지 못하게 관리하는 산.
- 산림유전자원보호림 : 산림 내 식물의 유전자와 종 또는 산림 생태계 등을 보전하기 위하여 법률로 지정하여 보호·관리하는 보호림.

소광리 금강소나무 숲에서 가장 어른인 금강송 할아버지 소나무가 긴급 회의를 소집했다.
　　숲짱 할아버지는 금강소나무 숲의 연락을 받은 다음 날 아침, 원대리 자작나무 숲을 떠나 울진으로 출발했다. 강원도 인제군 원대리에서 경북 울진군 소광리까지는 230킬로미터. 차로 약 4시간이 걸리는 거리다.

오늘 금강소나무 숲 회의는 소나무재선충 방제 대책을 논의하고자 마련되었다. 이 숲의 역사가 시작된 이래 처음 있는 일이라 대단히 특별한 날이다.

금강소나무들의 의사소통은 소나무 숲을 지나가는 솔바람이 전해 주기로 했다.

금강소나무 아닌 사람이 회의에 참여한 것은 숲짱 할아버지가 유일했다. 그만큼 숲짱 할아버지는 전국의 숲에서 명망이 높았다. 나무들은 다른 사람은 신뢰하지 못해도 숲짱 할아버지는 신뢰했다. 늘 인간의 입장에서만이 아니라 나무의 입장을 고려하여 일을 처리한다는 것을 잘 알고 있었기 때문이다. 긴 세월을 나무들과 같이 일했기 때문에 전국의 유명한 나무들은 모두 숲짱 할아버지의 인품을 잘 알고 있었다.

회의를 소집한 금강송 할아버지 소나무가 위엄 있게 입을 열었다.

"오늘 회의는 온 나라 소나무 숲을 망치고 있는 소나무재선충에 관한 대책을 논의할 목적으로 소집했소. 이 숲이 생긴 이래 처음 열리는 회의니만큼 적극적으로 참여했으면 좋겠소.

좋은 의견이 있으면 말씀들 해 보시오."
 솔바람이 휘~익 불어와 금강송 할아버지 소나무의 목소리를 이 골짝 저 골짝으로 전달했다. 그러나 선뜻 대답하는 소나무가 없었다. 드넓은 소나무 숲에는 금강송 할아버지 소나무의 목소리만 바람에 실려 솔숲을 맴돌고 있었다.

침묵의 시간이 솔숲을 맴돌고 있던 그때, 지나가는 바람결에 가느다란 목소리가 들려왔다. 솔숲의 소나무들이 일제히 소리 나는 쪽으로 돌아보니 이 숲에서 얼굴도 몸매도 가장 예쁘다고 소문난 미인송이다.

미인송은 숲을 오가는 사람들이 지나다니는 길가에 있어서 바깥 세상 이야기를 제일 많이 들을 수 있었다. 미모 때문인지 인터넷에서도 바로 검색되는 유명한 소나무다.

"제 자신을 소개하는 것이 좀 민망하긴 하지만, 저는 금강소나무 숲의 얼짱 미인송입니다. 제가 듣기로는 소나무재선충병에는 치료약이 없다고 하던데, 그렇다면 우리가 회의를 한다고 별 뾰족한 수가 있을까요?"

그동안 본 것도 많고 들은 것도 많을 텐데 하나 마나 한 이야기를 한다.

"물론 그것은 모두가 알고 있는 사실이오. 하지만 이렇게 회의를 소집한 이유는, 우리가 멍하게 있다가 당하는 것보다는 정신이라도 바짝 차리자는 의미요. 혹시 우리가 재선충병에 걸리지 않는 묘안이 있다면 말해 보시오."

"……."

금강송 할아버지 소나무의 말에 미인송은 그만 입을 닫아 버렸다. 숲속은 다시 침묵으로 빠져들고, 소나무 가지를 훑고 지나가는 바람 소리만 들릴 뿐이었다.

얼마의 시간이 지나간 후 누군가 입을 열었다.

"제가 한 말씀 드려도 될까요?"

금강송 할아버지 소나무 건너편 능선에 선 소나무다. 한 뿌리에서 두 줄기로 갈라진 모양을 따라 다른 나무들이 그들을 부부송이라고 부른다.

"그래, 부부송이 할 말이 있다니 어디 한 번 들어봅시다."

금강송 할아버지 소나무가 반갑게 인사를 건넸다.

"병은 사람을 따라 전염되니까 외지 사람들을 아예 들어오지 못하게 하면 되지 않을까요?"

"우리 금강소나무 숲은 사람이 워낙 귀한 산골이었지만, 요즈음에는 임도가 잘 닦여진 덕분에 사람들이 많이 찾고 있지 않소. 더구나 근래 들어서는 외국 손님들까지 방문하고 있는데 사람을 오지 못하게 하라니, 그건 안 될 말씀이오."

"제 말은 그런 게 아니라, 아무나 들어오게 하면 안 된다는 말이지요."

"그것도 참 어려운 일이오. 우리 숲을 보겠다는데 누구는 되고 누구는 안 된다는 것은 있을 수가 없소."

섣불리 나섰다가 핀잔만 들은 부부송이 겸연쩍은 몸짓으로 물러섰다.

그러자 이번에는 여기저기 모여선 금강송들이 중구난방으로 한 마디씩 했다. 그때 이름도 밝히지 않은 어떤 소나무가 먼저 나섰다.

"솔잎혹파리 전염병이 돌 때는 나무에 그물을 씌웠다던데, 이번에도 그물을 씌우면 안 될까요?"

"우리는 공원에 사는 정원수가 아니라 깊고 험한 산중에 사는 소나무란 말이오. 그런데 어떻게 일일이 그물을 씌운단 말이오. 이건 매우 비현실적인 생각이오. 그나저나 그대는 어디 사는 누구시오?"

"광산골 막창에 사는 200살 먹은 적송입니다. 금강송 할아버님, 안녕하십니까?"

"오랜만일세. 그런데 자네는 나이를 200살이나 먹었는데도 여전히 비현실적이구만."

"네, 맞습니다. 제가 나이만 먹었지 철이 덜 들었습니다. 그래서 이렇게 겉보기엔 아직도 청춘이랍니다. 너무 현실적이면 팍 늙지 않습니까, 하하하."

"비행기로 약도 뿌리고 주사도 놓던데 왜 방제가 안 된다는

겁니까?"

"먼저 이름을 밝히고 말씀하시오."

"보름골 장군송입니다만."

"보름골 장군송님, 참 오랜만입니다. 약 뿌리고 주사 놓는 일이야 누군들 못하겠소만, 이번 병은 한 번 걸리면 100% 죽는다니 그게 문제지요."

내로라하는 금강소나무들이 저마다 한 마디씩 거들었지만 재선충병을 막아 낼 뚜렷한 방법은 나오지 않았다. 솔숲은 다시 무거운 침묵에 빠져들었다.

얼마의 시간이 흘렀을까. 어디서 카랑카랑한 목소리가 산골짝을 울렸다.

"아이고, 그까짓 벌레 한 마리를 못 잡아 이토록 난리를 치십니까!"

작은빛내 능선에 자리 잡은 금강송 보호수다. 이 숲에서 금강송 할아버지 소나무 다음으로 나이가 많은 어르신 소나무이다. 멀리 떨어져 있어도 특유의 우렁찬 목소리가 숲을 울렸

다. 솔숲 나무들이 일제히 금강송 보호수 어르신을 향해 예의를 표했다.

"내가 지금까지 몸으로 겪은 이 금강송 숲의 역사를 말하자면 이렇소. 과거 일제 강점기 때 못된 일본놈들이 톱을 들고 우리를 다 자르겠다고 설쳤지만 별 탈 없이 지나갔고, 해방 이후 나라가 어수선할 때는 관재 도벌꾼들 때문에 수난을 당하기도 했소. 하지만 아무리 따져 봐도 병충해 때문에 고초를 당한 적은 없었소.

미래는 과거에서 온다는 말이 있소. 사람들이야 천성이 예민해서 눈앞에 보이는 작은 일에도 호들갑을 떨지만, 장담하건대 앞으로도 우리 금강송 솔숲에는 그 어떤 병충해도 들어오지 못할 것이오. 우리 금강송 숲은 그만큼 강한 생명력이 있다는 뜻이오."

금강송 보호수가 눈빛을 더욱 빛내며 말을 이었다.

"내 말이 믿기지 않을 수 있으니 지난 역사를 좀 더 구체적으로 살펴봅시다. 6~70년대 들어서는 송충이가 그랬고, 십수 년 전만 해도 솔잎혹파리가 온 나라 솔밭을 쑥대밭으로 만들었지만 우리 숲에는 얼씬도 못했소. 그래서 결론은 우리 스스로가 체질을 강건하게 하여 면역력을 높이는 일뿐이라고 생각하오. 그러면 우리는 충분히 이길 수 있소."

금강송 할아버지 소나무가 고개를 끄덕였다.

"좋은 말씀 감사합니다. 병이 아무리 무섭다 해도 자연의 치유 능력을 넘지는 못합니다. 금강송 보호수님 말처럼 그동안 소나무 숲에 나돌았던 병충해가 어디 한두 가지였소? 사람들이 그때마다 호들갑을 떨며 야단법석을 피웠지만 우리는 이렇게 멀쩡하게 잘 살아가고 있지 않소. 그러니 너무 겁먹지 말고 각자 몸을 단련하는 일에 집중하도록 합시다. 자, 이렇게 회의 소집하기도 어려운데 할 말 있으면 한마디씩 모두 하시길 바라오."

"우리 모두 땅에 뿌리 박고 서 있는 나무들이니 병을 피해 도망갈 수도 없고, 그게 딱할 뿐이지요."

"사람들의 처분만 바라보고 있을 뿐 아무것도 할 수 없다는 것이 안타깝습니다."

"뭐니 뭐니 해도 교통이 편리해진 것이 가장 큰 문제라고 봅니다. 우리 소광리만 해도 찻길이 없던 옛날에는 하루 종일 다리품을 팔아야 들어왔는데 요즘은 어떻소? 편안한 자동차에 가만히 앉아 있으면 반시간도 안 돼서 후딱 들어올 수 있으니 그게 문제지요. 여러 곳을 돌아다닌 사람들이 드나들면 자연적으로 온갖 병해충이 따라올 텐데 그걸 무슨 수로 막겠습니까?"

나머지 금강소나무들은 금강송 보호수와는 달리 부정적인 말을 쏟아놓았다. 분위기가 다시 냉랭해졌다.

솔숲엔 침묵이 흐르고, 숲을 맴도는 바람 소리조차 을씨년스럽게 느껴졌다.

이때 숲짱 할아버지가 나섰다.

"안녕들 하십니까? 여기 모두 저를 아시는 분들인 것 같은데요. 저는 여러분들의 회의에 참관인 자격으로 초청받은 숲짱 할아버지입니다."

"아이고, 오랜만에 뵙겠습니다!"

"그간 안녕하셨는지요?"

　역시 소광리 금강소나무들은 예의범절이 밝았다. 다들 숲짱 할아버지를 향해 한마디씩 인사를 건네느라 분주했다.

　인사가 끝나자 숲짱 할아버지는 여기저기 퍼져 있는 소나무들이 잘 알아들을 수 있도록 가지고 간 메가폰을 들고 천천히 말하기 시작했다.

　"소나무님들, 저도 걱정만 하고 있다가 여기 와서 만나 보니 너무 좋습니다. 저는 여러 소나무님들이 하신 말씀 가운데 금강송 보호수님의 말씀이 가장 와 닿았습니다. 두려움을 가지고 있으면 부정적인 생각만 하게 됩니다. 그러면 소나무님들 몸속에 있는 가장 좋은 성분인 피톤치드•가 줄어듭니다. 피톤치드가 많을수록 면역력을 높일 수 있습니다. 피톤치드를 더 만들기 위해선 긍정적인 마음을 가져야 합니다. 피톤치드 성분을 많이 만들면 만들수록 병충해에 감염되는 일은 없습니다."

숲짱 할아버지의 말에 소나무들은 오랜만에 표정이 밝아졌다. 모두들 '이제 살 길을 찾았다'는 안도의 표정이었다.

숲짱 할아버지는 자신을 초청해 준 금강송 할아버지 소나무와 서로 감사의 뜻이 담긴 포옹을 하고 소광리 금강소나무 숲을 떠났다.

"안녕히 가십시오. 늘 건강하십시오!"

소나무들은 숲짱 할아버지가 가는 길에 나뭇가지를 흔들며 작별 인사를 했다.

• 피톤치드 : 식물이 균, 곰팡이, 해충을 쫓고 살균 작용을 할 수 있게 내뿜는 휘발성 물질을 통틀어 일컫는 말이다. 수백 가지 성분으로 이루어져 있으며, 들이마실 경우 스트레스가 풀리고 면역 기능이 강화되는 것으로 알려져 있다.

숲짱 할아버지, 새로운 꿈을 꾸다!

다음 날, 숲짱 할아버지는 다시 원대리 자작나무 숲으로 돌아왔다.

자작이 삼남매가 할아버지를 반갑게 맞이했다.

할아버지는 자작이 삼남매를 하나하나 사랑을 담아 정성스럽게 안아 주었다.

"할아버지가 안아 주니까 포근하고 좋은데, 혹시 또 어디 멀리 가시나요? 이번에는 소광리가 아니라 더 멀리 해외라도 다녀오시나요?"

역시 자작이는 눈치가 빠르다. 할아버지의 포옹에 뭔가 있다는 생각이 든 것이다.

"허허, 자작이한테는 늘 내 마음을 들킨다니까……. 아무래도 앞으로는 너희들한테 자주 못 올 것 같아서 오늘 다 한 번씩 안아 본 거란다."

"아니, 왜요? 혹시 어디 편찮으시기라도 하신 건지……."

여성적인 이름을 지은 작희는 섬세한 면이 있다. 묻는 것도 세심하게 묻는다.

"아니야. 아파서 그러는 것은 아니고, 할아버지의 새로운 꿈 때문이란다. 할아버지는 오래 전부터 문학을 좋아했고 작가가 되고 싶었지만, 나무를 심고 숲 가꾸는 일에 평생을 바치다 보니 기회가 없었단다. 이제 인간 세계는 평균 수명이 매우 길어져서 노인이 되어서도 새로운 꿈을 꾸는 사람들이 많아졌지. 그래서 이 할아버지도 오래 전부터 품었던 꿈을 이루어 보려고 해.

할아버지는 《나무를 심는 사람》이라는 명작 소설을 쓴 장 지오노와 같은 좋은 작가가 되고 싶단다. 그런데 좋은 작가가 되려면 습작을 많이 해야 해. 문장을 쓰는 연습도 해야 하고, 이야기 구성을 만드는 연습도 해야 한단다. 그러니 이제 원대리 숲에는 지금만큼 자주 오진 못할 거야."

"할아버지, 저희는 너무 슬퍼요. 할아버지만 우리 말을 유일하게 알아듣는 분이잖아요. 그런 분을 자주 보지 못한다는 것이 슬퍼요."

자작이 삼남매는 할아버지의 꿈을 응원하고 싶었지만, 자주 보지 못한다는 말에 마음이 너무 아팠다.

하지만 형인 자작이가 먼저 마음을 추슬렀다.

"작희야, 작비야. 할아버지가 병이 나서 못 오시는 것도 아니고 새로운 꿈을 이루기 위해 그러시는 것이니 너무 슬퍼하지 말고, 우리 할아버지의 새로운 꿈을 응원해 드리자!"

작희와 작비는 가지를 흔들어 동의를 표시했다. 그리고 자작이 삼남매는 한목소리로 말했다.

"할아버지, 꼭 꿈을 이루세요! 저희는 할아버지에게서 받은 사랑을 영원히 잊지 못할 거예요!"

| 부록 |

부록 동화 속에 숨은 지식 탐험

1. 자작나무의 모든 것을 알고 싶어요

🍃 **예쁜 자작나무의 고향은 어디예요?**

1년 중 겨울이 길고 눈이 많이 내리는 북유럽과 러시아의 바이칼 호수 주변이 자작나무의 고향이란다. 우리나라에서는 백두산 지역에서 자생하지. 추운 지방에서 자라는 자작나무는 옛날부터 껍질에 그림을 그리거나 가구를 만드는 데 사용되었단다. 자작나무의 매력은 눈처럼 새하얀 껍질이지. 숲속 나무들이 대부분 거무칙칙한 껍질을 갖고 있는 데 비해 자작나무는 눈부실 정도의 하얀 껍질을 갖고 있거든. 그런 이국적이고 환상적인 모습 때문에 영화나 소설의 배경으로도 자주 등장한단다.

봄 · 여름 · 가을 · 겨울의 자작나무 숲

자작나무 껍질은 왜 하얀가요?

자작나무의 새하얀 수피(껍질)

자작나무가 추운 지방에서 살려면 따뜻한 햇빛을 잘 흡수하는 검은색이어야 하는데 왜 흰색 수피를 타고났을까? 눈 많고 추운 지방에서 자라는 자작나무가 오히려 햇빛을 반사하는 흰색이라니……. 궁금하지?

잘 들어봐라. 자연의 신은 추운 지방에 사는 자작나무에게 생존에 불리한 하얀 껍질을 주는 대신 다른 어떤 나무에게도 주지 않는 특혜를 주었단다.

그 첫 번째가 얇은 종이가 겹겹이 겹쳐진 수피를 주었다는 거야. 두터운 옷 한 벌보다 얇은 옷 여러 겹을 입는 것이 추위를 견디기에 훨씬 효율적이라는 이치를 조물주는 알고 있었던 거지.

이제 알겠지? 자작나무가 추운 데서 흰색 껍질로도 잘 살아가는 이유를.

🍃 자작나무 이름은 어떻게 붙여진 것인가요?

　자작나무는 다른 나무에는 없는 기름 성분의 분비액을 내어 겨울을 난단다. 기름은 쉽게 얼지 않고 바람과 추위를 막아 주는 역할을 하지. 겉옷인 껍질은 비록 종이처럼 얇고 연약하지만 그 속에 추위를 이길 수 있는 핫팩과 내복을 선물받은 것이라고 할까?

　자작나무 수피를 불에 태우면 액포 속의 기름이 타면서 '자작자작' 소리를 낸단다. '자작'이란 이름도 이 소리에서 비롯된 것이지. 또 하나! 얇은 수피로 찬바람이 몰아치는 겨울을 나는 자작나무가 안타까웠던 자연의 신은 푸근한 눈을 내려주어 자작나무의 겨울나기를 돕는단다. 눈이 쌓이면 땅이 얼지 않지. 눈 속에서 얼지 않는 뿌리가 한겨울 내내 봄을 기다리며 기운을 지장할 수 있도록 특별한 은혜를 베풀었다고 할까?

팔만대장경

천마도

그리고 자작나무 수피에는 큐틴Cutin이라는 방부 물질이 들어 있어서 쉽게 썩지 않는단다. 자작나무는 목질이 조밀하면서도 단단하여 고급 가구를 만드는 데 쓰이지. 또 하나! 합천 해인사 팔만대장경판의 일부도 자작나무이고, 고분에서 발굴된 천마도도 자작나무 껍질로 만들어졌다는 것 몰랐지?

🍃 동화 속 원대리 자작나무 숲을 찾아가고 싶어요

눈이 내리지 않아도 온 세상을 온통 하얀색으로 만들어 버리는 자작나무 숲은 눈이 내려도, 눈이 내리지 않아도 봄, 여름, 가을, 겨울 모두 한 폭의 그림처럼 아름다운 모습을 보여준단다. 특히 겨울에 찾아가면 마치 깊은 눈 속에 파묻혀 겨울을 나는 북유럽의 어느 나라에 와 있는 느낌이 들지.

'속삭이는 자작나무 숲'이라는 예쁜 이름을 갖고 있는 원대리 자작나무 숲은 1974~1995년까지 자작나무 70만 본을 심었고, 그 중 25헥타르를 '유아숲체험원'으로 운영하고 있단다.

자작나무 숲에 들어가면 0.9km의 자작나무 숲 코스, 1.5km의 치유 코스, 1.1km의 탐험 코스, 2.4km의 힐링 코스 등 네 개의 탐방로가 있단다. 이 중에서 가고 싶은 노선을 선택하면 돼.

그 밖에도 숲속교실, 생태연못, 인디언 집 등이 있어 다양한 체험을 할 수 있단다. 부모님과 함께 오면 즐거운 추억을 많이 쌓을 수 있을 거야.

위치	강원도 인제군 인제읍 원대리 763-4번지
운영시간	여름 (5.4~10.31) : 9시~6시 겨울 (12.15~1.31) : 9시~5시

원대리 자작나무 숲의 인디언 집

2. 금강송 할아버지 소나무가 실제로 있다고요?

🌿 울진 소광리 금강송 군락지는 어떤 곳이에요?

소나무는 우리나라 사람들이 가장 좋아하는 나무란다. 경상북도 울진군 금강송면 소광리에 가면 우리나라에서 유일하게 천연림으로 구성된 금강송 숲이 있단다. 조선시대부터 왕실에서 쓰이는 나무를

울진 소광리 금강송 군락지

생산하기 위한 황장봉산黃腸封山으로 지정되어 일반인의 출입이 철저히 통제되어 보호 관리되었던 숲이란다. 근래 들어서는 산림유전자원보호림으로 지정 관리하고 있으니, 국가에서 직접 이 숲을 관리하는 햇수만 따져도 300년이 훌쩍 넘는 셈이지.

이 숲이 사람들의 관심을 받는 이유는, 우리나라 소나무 숲을 대표하는 금강송 소나무의 원형을 완전하게 보전하고 있기 때문이란다. 1600헥타르의 광활한 산지에는 평균 수령 150년 이상 된 금강송 군락이 조성되어 있지.

이 소나무 숲은 우리나라의 산들을 민둥산으로 만들어 버렸던 일제 강점기에도 살아남았고, 소나무림을 황폐화시켰던 6~70년대의 솔나방(일명 송충이)과 솔잎혹파리도 침범하지 못한 유서 깊은 곳이지.

이곳이 황장봉산이었음을 알게 해 주는 황장봉계 표석

🌿 책에 나오는 금강소나무들을 만나러 가고 싶어요

금강송은 다른 소나무에 비해 나이테가 더 촘촘한 까닭에 단단하고 뒤틀림이 없단다. 그래서 귀한 목재로 그 가치가 더 인정받는 것이지.

500년 된 금강송 할아버지 소나무　　　　　　　　부부송

　금강송 군락지의 임도를 따라 들어가면 나이가 500살이나 된 금강송 할아버지 소나무를 만날 수 있단다. 이 소나무는 1482년 조선 성종 임금 때 싹이 터 임진왜란, 병자호란, 일제 강점기와 6·25전쟁을 몸으로 겪은 500년 역사의 살아 있는 증인이란다.
　금강송 할아버지 소나무뿐만 아니라 이 책에 나오는 부부송, 미인송, 장군송 등도 실제 이 숲에서 볼 수 있는 나무란다.

 2006년부터 일반에 개방된 소광리 금강소나무 숲길을 방문하려면 반드시 5개 구간의 숲길 탐방 예약을 하고 가야 한단다. 또한 생태 보호를 위해 일일 탐방 인원을 제한하고 있지. 탐방할 때 반드시 숲 해설가를 동반해야 한다는 것도 참고할 것.

미인송

장군송

3. 숲짱 할아버지, 이런 거 물어봐도 되나요?

🍃 나무에서 나온다는 피톤치드가 뭐예요?

피톤치드란 식물이 균, 곰팡이, 해충을 쫓고 다른 식물을 배척하기 위해 내뿜는 휘발성 물질을 통틀어 일컫는 말이란다. 수백 가지 성분으로 이루어져 있고, 사람이 호흡할 경우 스트레스가 풀리고 면역 기능이 강화되는 것으로 알려져 있지.

산림욕이라는 말을 들어 보았느냐? 병의 치료나 건강을 위해 숲에

이 푸른 나무들이 우리 몸에 이로운 피톤치드를 뿜어내요.

서 산책하거나 온몸을 드러내고 숲 기운을 쐬는 일을 말한단다. 실제로 병에 걸린 사람들이 숲에 들어와 천천히 걸으면서 맑은 공기를 들이마시고 자연스럽게 질병을 고쳤다는 사례는 셀 수 없이 많지. 그만큼 나무에서 뿜어 내는 피톤치드가 사람의 마음을 가라앉히고 면역력을 높여 주는 데 큰 역할을 하고 있다는 뜻이겠지.

🍃 나무가 병들면 어떻게 해요?

사람들이 아프면 의사 선생님이 치료해 주시지? 그럼 나무가 아프면 누가 돌볼까? 병든 나무를 고쳐 주는 나무병원이 있고, 아픈 나무를 치료하고 돌보는 나무의사도 있단다. 처음 들어 보지? 나무의사는 나무에 상처가 나면 붕대를 감아 주고, 허약한 나무에는 링거

속리산 정이품송

낙산사 의상대 소나무를 치료하는 모습

나무에게 링거를 놓고 있는 모습

도 꽂아 주며, 영양분이 모자란 나무에는 땅에다 거름을 뿌려 주기도 한단다.

나무의사 제도는 나무의 질병 예방에서 치료까지 체계적으로 관리하기 위해 2018년에 처음으로 도입되었지. 나무의사 자격을 얻으려면, 수목 진료와 관련된 자격 기준을 충족하고 지정된 교육 과정을 마친 뒤 국가가 정한 자격 시험에 합격해야 해.

아픈 나무들을 돌보고, 역사적으로 의미가 있는 귀한 나무들을 오랫동안 보존하기 위해 나무의사들은 오늘도 산과 도시를 누비며 치료에 전념하고 있단다.

🍃 숲 해설가는 어떤 일을 하는 사람인가요?

자연환경 해설가라고도 부르는 숲 해설가는, 자연환경 프로그램 참가자나 숲을 방문하는 사람들이 숲에 대한 많은 정보들을 보다 넓고 쉽게 이해할 수 있도록 도와주는 역할을 한단다. 숲을 방문하는 사람들이 자연에 나쁜 영향을 미치지 않도록 정보를 주고 올바른 행

동으로 인도해 주는 한편, 숲을 관리하는 목적과 목표를 일반인들에게 널리 이해시키는 일을 하는 사람이란다.

🍃 소나무재선충병은 어떻게 옮기는 건가요?

소나무재선충병은 1988년 우리나라에 처음 들어온 병이야. 길이가 0.8~1mm 정도인 소나무재선충이라는 벌레가 소나무의 물길을 가로막아 나무를 말라 죽게 하는 병이란다.

소나무재선충이 옮겨 가는 과정은 이렇단다.

소나무재선충에 감염된 재선충 애벌레가 솔수염하늘소의 몸속으로 들어갔다가, 다른 나무로 옮겨 간 솔수염하늘소가 즙을 빨아먹을 때 입을 통해서 병이 전파된다. 예방을 위하여 나무 주사를 놓기도 하고, 솔수염하늘소 방제용 농약을 뿌리기도 하는데, 아직까지는 완전한 치료 약제가 개발되지

소나무재선충병에 걸린 소나무

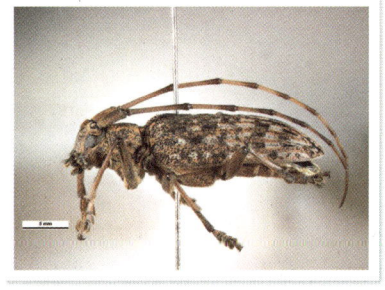

소나무재선충 애벌레를 이동시키는 매개체인 솔수염하늘소

않았단다.

이 병은 감염된 소나무는 100% 고사시키는 무서운 병이란다. 병에 걸린 나무는 전량 벌목해서 직경이 2cm 되는 가지까지 수집하여 더운 열기로 살균하거나 불에 태워야 하지. 완전한 치료제가 없으니 평소 소나무 관리에 적정을 기하여 자연적인 면역력 증강에 노력해야 하는 수밖에 없단다.

대나무는 나무예요? 풀이에요?

이름은 나무지만 식물학적으로는 풀인 대나무

잎이 부드럽고 키가 작으며 꽃을 피우고 겨울에 죽는 식물을 풀이라 하고, 키가 크고 해마다 줄기가 굵어지면서 나이테가 생기는 여러해살이 식물을 나무라 한단다. 그러나 대나무는 나무처럼 키는 크지만 나이테가 없고, 겨울에도 죽지 않지만 식물학적으로는 초본류로 분류되지. 그러니까 모양은 나무처럼 보이지만 식물학적으로는 풀이란다. 그러나 오랫동안 불리던 관행을 따라 대나무라고 부르는 것이지.

나무는 어디로 숨을 쉬어요?

나무도 우리처럼 숨을 쉰단다. 나무가 숨 쉬는 구멍을 기공(숨구멍)이라고 하지. 기공은 나뭇잎의 뒷면에 많단다. 보통 나무의 기공은 잎의 뒷면에 집중되어 있지만, 양파, 옥수수, 귀리 같은 식물은 잎의 양면에 고르게 분포되어 있고, 물에 떠서 자라는 수련 같은 식물은 잎의 앞면에만 기공이 있단다.

나무는 잎에 나 있는 기공으로 대부분의 호흡작용을 하지만, 줄기에 있는 피목과 뿌리로도 호흡을 한단다. 오래된 고목의 뿌리 부분에 흙을 과도하게 복토하면 나무가 뿌리호흡을 하지 못해서 말라 죽는데, 이게 바로 나무가 뿌리호흡을 하고 있다는 증거라고 할 수 있지.

🍃 우리나라 소나무는 왜 줄기가 구불구불해요?

　우리나라 소나무는 대개 구불구불하게 자란다. 그렇지만 처음부터 그런 소나무가 아니었단다. 우리나라에서 자라는 금강소나무는 줄기가 곧고 가지가 짧으며 키가 큰 형질을 가지고 있지. 그러나 예부터 집을 지을 때 쓰는 기둥과 서까래도 모두 곧게 자란 소나무를 먼저 잘라서 썼단다. 곧게 자란 나무를 베어서 쓰다 보니 구불구불 못난 소나무만 남아서 지금 보이는 것처럼 구불구불한 소나무들이 많은 거란다.

구불구불한 소나무

🍃 겨울철 나무에 꼬마전구를 많이 달아도 나무가 괜찮은가요?

사람들이 나무를 못살게 구는 거 아닌가 하고 걱정했구나. 다행히 나무는 겨울잠을 자기 때문에 꼬마전구를 켜 놓아도 아무런 피해나 생리적 장애가 없단다. 꼬마전구에서 발생하는 열로 나무의 온도가 올라가 성장하는 데 문제가 없을까 걱정되지만, 꼬마전구는 열을 발산하지 않고, 더구나 겨울철에는 주위 온도가 낮아서 피해를 주지는 않는단다.

꼬마전구 옷을 입은 나무들

4. 나무와 숲에서 배우는 지혜

🍃 **나무는 환경을 탓하지 않아요**

숲에는 온갖 나무와 풀, 꽃, 벌레, 곤충, 새, 동물들이 한데 어우러져 평화롭게 살아간단다. 누구는 못났으니 멀리하고, 또 누구는 잘났으니 더 친해져야지 하고 욕심을 부리지 않지. 또 예쁘건 못생겼건, 키가 크건 작건 전혀 구분하지 않아. 모두가 친구들이지.

특히 나무는 뿌리가 고정되어 움직이지 못하지만 지금 그 자리에서 최선을 다하고 있단다. 비탈에 선 나무는 비탈진 환경에 적응하고, 돌 틈에 뿌리 내린 나무는 척박한 환경을 탓하지 않고 생명을 이어간단다. 딛고 선 땅이 건조해도 나무라지 않고, 거름기가 없어 몸집을 불리지 못해도 좌절하거나 원망하지 않아.

그렇지만 봄이 오면 가녀린 새싹을 내밀어 생명을 이어가고, 비바람 몰아치는 땡볕과 장맛비를 이겨낸다. 다시 찬바람 불고 눈 내리는 겨울이 오면 가지는 모든 잎을 떨어뜨려 추운 겨울을 견뎌 낸단다.

이것이 나무의 일생이란다. 자신이 처한 나쁜 환경을 탓하지 않고 그 자리에서 최선을 다하는 생명의 숲에서 사람들의 배움이 있는 것이지. 우리도 남을 원망하거나 주어진 환경을 탓하지 않고 나무처럼 당당하게 내 할 일을 해 나가도록 하자꾸나.

숲에 갔을 때 이렇게 해 보아요

- 두 팔을 벌려 숨을 크게 들이마시고 내쉬어요.
- 가슴을 쫙 펴고 천천히 걸어요.
- 눈을 감고 새 소리, 나뭇잎 부딪치는 소리, 풀벌레 소리 등 온갖 소리를 들어 보아요.
- 나무의 특징인 껍질과 잎의 생김새를 잘 관찰해 보아요.
- 나무를 가만히 안아 보아요.
- 나무에 청진기를 대고 물 오르는 소리를 들어 보아요.
- 나무들에게 하나하나 이름을 지어 불러 보아요.

숲을 사랑하는 어린이는

- 오래된 나무의 뿌리가 묻혀 있는 주위 땅을 되도록 밟지 않아요.
- 나무를 손으로 흔들거나, 발로 차거나, 올라타지 않아요.
- 숲속에서 큰소리로 떠들며 뛰어다니지 않아요.
- 나뭇가지를 꺾거나 껍질을 벗기는 등 나무에 상처를 내지 않아요.